놓치면 안 될 우리 아이 책

어린이 책 전문가 28명이 쓴 서평집

놓치면 안 될 우리 아이 책

1판 1쇄 2014년 1월 20일
1판 2쇄 2014년 8월 25일

지은이 조월례 외
펴낸이 조영진
디자인 이수정

펴낸곳 고래가숨쉬는도서관
출판등록 제406-2012-000082호
주소 경기도 파주시 문발로 115, 302호(문발동, 세종출판벤처타운)
전화 031-944-9680   팩스 031-945-9680
홈페이지 www.goraebook.com   이메일 goraebook@naver.com

값은 뒤표지에 적혀 있습니다.
잘못 만든 책은 구입하신 서점에서 바꾸어 드립니다.
책의 내용과 그림은 저자나 출판사의 서면 동의 없이 마음대로 쓸 수 없습니다.

ISBN 978-89-97165-58-2 13020

이 도서의 국립중앙도서관 출판시도서목록(CIP)은 서지정보유통지원시스템
홈페이지(http://seoji.nl.go.kr)와 국가자료공동목록시스템(http://www.nl.go.kr/kolisnet)에서
이용하실 수 있습니다.(CIP2013028043)

놓치면 안 될 우리 아이 책

| 조월례 외 지음 |

머리말

어린이 책을 읽는 어른들이
많으면 좋겠습니다

최근에는 어린이 책을 읽는 어른들이 많아졌습니다. 그림책을 사모하는 어른들 모임, 동화 읽는 어른들 모임이 곳곳에서 움직이고 있습니다. 하지만 좀 더 많은 엄마, 아빠, 할머니, 할아버지가 어린이 책을 읽으면 좋겠습니다.

어른들은 늘 아이들에게 책을 읽어야 한다고 말합니다. 그리고 한 아름 책을 사 주고 읽어야 한다고 강조합니다. 아이들에게 어른들의 요구에 따라 읽는 책이 재미있을 리 없습니다. 안 그래도 학교 공부와 학원 공부로 지쳐 있는 아이들에게 책 읽기가 또 하나의 짐이 되고 마는 것입니다. 어른들이 어린이 책을 읽고 우선 자신이 어린이 책이 주는 즐거움을 알았으면 합니다.

'동화 같다'는 말이 있기도 합니다만, 동화도 아름답기만 하지는 않습니다. 수많은 문제들 사이에서, 세상의 약자인 아이들은 어른들 이상의 고통과 상처를 겪으면서 살아갑니다.

어린이 책도 이런 현실에 바짝 다가가 있습니다. 현실은 치열한 경쟁으로 치닫고 있으나, 어린이 책은 그것을 뛰어넘어 사람답게 살아가야 한다는 삶의 본질을 놓치지 않게 합니다. 또, 새롭게 변화하는 세상의 다양한 지식과 정보, 문화와 예술에 대한 감수성을 자극하기도 합니다. 세상의 수많은 사람들과 소통하면서 살아가는 이유를 찾고, 살아가는 저마다의 방법을 생각하게 합니다. 억눌린 마음, 상처받은 마음이 위로를 받고 세상이라는 바다로 나갈 새로운 용기를 얻게도 합니다.

어른들이 어린이 책을 읽어야 하는 것은 이처럼 다양한 어린이 책이 주는 의미와 즐거움을 누려야 하기 때문입니다. 그것이 어린이들과 소통할 수 있는 힘이 될 것입니다.

아이들은 한 사람 한 사람 가르치기에 따라서 무엇이라도 될 수 있는 가능성을 가졌습니다. 어른들이 어린이 책을 읽는 것은 아이들이 지닌 가능성을 발견하게 하는 아주 작은 계기가 될 것입니다.

이 서평집에 소개한 책들은 보는 사람의 가치관에 따라 어떤 책은 좋기도 하고 아쉽기도 할 것입니다. 또, 어떤 책의 어느 부분은 좋으나 어느 부분은 아쉽기도 할 것입니다.

책 한 권이 모두의 기대를 다 충족시킬 수 없는 것처럼 이 책에 소개한 책들도 마찬가지입니다. 다만 '이런 책도 있으니 먼저 읽어 보고 아이들에게도 권해 보시지요.' 하는 의미입니다.

이 서평집이 어린이 책 전반에 대한 관심을 불러일으키는 작은 씨앗이 되었으면 좋겠습니다.

조월례 아동도서평론가

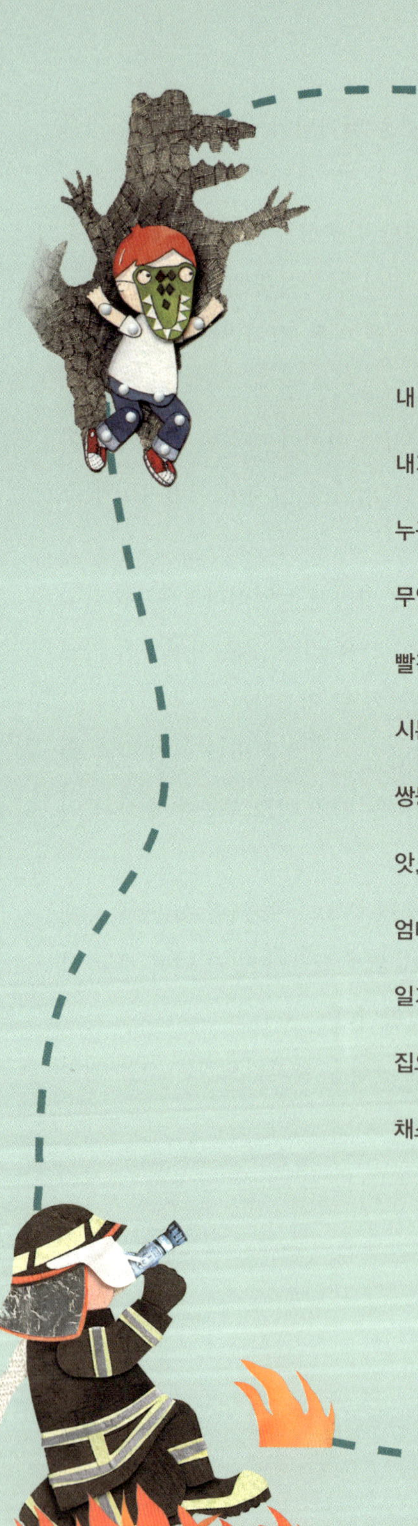

1부 ▶ 유아

내 마음이 철렁!

자넷 A. 홈스 글 | 다니엘라 저메인 그림
김호정 옮김 | 책속물고기 | 32쪽 | 2013

첫 장을 넘기니 학교에 가기 싫어 심각한 표정으로 침대 밑에 숨어 있는 남자아이가 "괴물이 우글거리는 학교에 가기 싫다."고 소리 지르고 있다.

낯선 환경에 적응하지 못해 스스로 자신만의 울타리를 치고, 좋아하는 장난감을 주어도, 케이크를 주어도 모든 것을 거부하는 난폭한 아이가 이야기의 첫 부분부터 등장한다.

우리 주변에는 입학식이나 새 학기가 되면 학교나 유치원에 처음 가는 아이뿐 아니라 낯선 환경에 적응하지 못해 난폭하거나 의기소침해지는 아이들이 꽤 많이 있다. 이 책에서는 이런 아이들이 두려워도 스스로의 힘으로 낯선 환경이라는 두려움을 극복해 가는 내용을 담아 내고 있다. 쉽지는 않겠지만 스스로 마음을 열고 친구에게 다가가고, 두려움을 극복해서 낯선 사회 안에서 남과 더불어 살아가는 과정을 차근차근 배우도록 유도하고 있다. 또한 어른들에게는 낯선 사회에 적응이 더딘 아이들을 올바르게 이해할 수 있도록 도와주는 책이다.

『내 마음이 철렁!』은 아이들의 마음을 잘 대변하고 있다. 주인공은 낯선 학교에 가는 것이 싫어 뾰족뾰족한 가면을 쓰고 스스로 아주 힘이 센 악어처럼 행동한다. 이런 주인공에게 다른 친구들은 감히 다가가지 못하지만 어느 날 작은 괴물 여자아이가 다가가는 순간 남자아이의 마음은 '철렁' 가슴은 콩닥콩닥 뛰기 시작하면서 서서히 마음을 열기 시작한다. 마음이 '철렁!'한 것은 내가 두려워하는 마음을 들켰거나 내 마음보다 강한 상대를 만났을 때 쓰는 표현인데 작가는 책 제목에서 낯선 환경을 두려워하는 아이들이 공감할 수 있도록 '철렁'이라는 말을 넣어 이야기의 초반부터 독자의 마음을 사로잡고 있다.

저자 자넷 A. 홈스는 오스트레일리아 사람으로 교육학과 예술학을 전공한 후 초등학교 도서관 선생님으로 일하기도 했다.『내 마음이 철

렁!』은 수천 편의 원고 더미에서 찾아낸 진귀한 원고이며 그림을 그린 다니엘라 저메인은 대학에서 심리학을 전공하고 십 년 가까이 연구원으로 일하다가 뒤늦게 그래픽 디자인을 공부해 그리기에 푹 빠져 그림책과 책 디자인을 하는 작가이다. 『내 마음이 철렁!』은 아이들의 마음과 감정이 잘 표현된 그림책이다.

그림책 앞표지에는 주인공이 갖는 두려운 마음이 요철로 잘 표현되어 있다. 제목과 그림 색깔은 주인공이 학교에 가기 싫어하는 어두운 마음을 까만색으로, 두려운 마음을 빨강색으로 강하게 대비시켜 놓고 있다. 반면 뒤표지에는 거부하는 말은 요철로, 친구가 가까이 다가와 앉아 친해지는 장면은 안정적이고 편안한 그림으로 표현했다. 표지 글씨체는 아이들이 그냥 외치고 소리친 모양으로 자유롭다. 앞표지를 넘긴 면지는 불안한 마음을 주홍색으로, 본문이 끝난 뒤 면지는 편안한 마음을 초록색으로 마무리하고 있다. 전체적인 그림책의 분위기는 글과 그림 모두 불안에서 안정을 찾아가는 형식을 띠고 있다.

어른과 아이 모두 낯선 곳에 갔을 때의 두려움을 느끼는 심정을 책에서는 뾰족뾰족 이빨과 갈기가 있는 가면을 쓴 주인공으로 이야기하고 있다. 자신의 두려움을 가리기 위해 난폭하게 소리를 지르거나 침대 밑에 의기소침하게 숨기도 하는 아이가 친구들이 가까이 오려고 하면 더욱 난폭해지면서 거부하기도 하고, 거부당하는 아이로 그려져 있다. 작가는 낯선 곳을 두려워하는 주인공만 가면을 쓴 것이 아니라 친구들의 얼굴에도 모두 가면을 씌워 낯선 환경에서는 모두 각자의 두려움을 가리기 위해 각자의 가면을 쓰고 있다는 것을 알리고 있다. 작가는 넌지시 "너만 낯선 곳을 두려워하는 것이 아니야. 누구나 낯선 곳에 가면 너처럼 두려워지지. 잘 봐! 친구들 모두 각자의 가면을 썼잖아." 이렇게 말하고 있다.

운동장 구석에 놓인 나무에 혼자 앉아 있을 때 작은 괴물 한 명이 다가와 내가 앉은 나무에 살포시 앉으면 내 마음은 '철렁' 내려앉고 가슴은 콩닥콩닥 뛴다. 하지만 "저리가! 여긴 내 자리야." 하고 내가 거부해도, "여기는 네 자리가 아니야. 나도 앉을 수 있어." 하고 누군가가 내게 용감하게 다가온다면 나도 한 발짝씩 다가가 친구가 되는 법을 책에서는 알게 해 준다. "이 세상 누군가 한 명이라도 내게 다가와 친해지려고 노력할 때 나도 용기를 내어 다가가야 친구가 되는 거야."라고 작가는 말하고 있다. 조용히 옆에 앉아 그림을 그리는 여자아이에게 "그게 뭐야?" "원숭이 얼굴? 내가 써 봐도 돼?" 하며 나도 용기 내어 말을 걸고 다가가야 친구가 될 수 있고, 내가 먼저 화난 무서운 악어 가면을 벗고 웃는 원숭이 가면을 쓰면 다른 친구들 또한 각자의 가면을 벗고 가까이 다가온다는 것도 자연스럽게 알려 주고 있다.

웃는 원숭이 가면을 쓰고 학교 갈 내일을 기다리는 주인공처럼, 혼자 빙빙 도는 외톨이 친구에게 먼저 다가가 용감하게 친구가 되어 준 여자아이처럼 용기를 내어 낯선 환경에 갔을 때의 두려움을 이겨 보라고 말하고 있다.

최영희 서울교육대학을 졸업해 28년간 서울에서 초등학교 교사 생활을 해 오고 있다. 독서 교육과 그림책에 많은 관심을 갖고 어린이 책을 열심히 보고 있다.

내가 라면을 먹을 때

하세가와 요시후미 글, 그림 | 장지현 옮김
고래이야기 | 44쪽 | 2009

어떤 책이든 손에 넣으면 가장 먼저 거치는 순서가 있다. 일단 표지를 눈여겨본다. 그리고 살며시 책에 말을 걸어 본다. "넌 어떤 이야기를 해 줄 거니?"

앞표지에는 김이 모락모락 나는 커다란 라면 그릇을 들고 '호~' 불고 있는 아이가 있다. 지그시 감은 눈은 기분 좋고 평화롭게 보인다. 그럼 이제 뒤표지를 볼까. 무채색 옷을 입은 뒷모습의 아이가 보름달을 향해 걸어가고 있다. 아이의 뒷모습은 왠지 우울하고 힘들어 보인다. 다시 앞표지를 본다. 앞표지와 뒤표지의 상반된 분위기로 혼란스럽다. 라면을 맛있게 먹는 아이의 즐거운 일상이 담겨 있지 않을까 했는데, 무슨 이야기를 숨기고 있는 것일까?

'내가 라면을 먹을 때,'라는 단순한 일상으로 이야기는 시작된다. 내 옆에서 방울이는 하품을 하고, 이웃집 미미는 텔레비전 채널을 돌리고, 그 이웃집 디디는 비데 단추를 누른다. 이렇게 시작된 이웃집 이야기는 다시 그 이웃집으로 이어지고 이제 이웃마을로, 이웃나라로, 그 이웃나라로, 그 맞은편 나라로 계속 이어진다. 나, 나와 가족, 나와 친구 정도에 머물러 있는 아이의 시선을 자연스럽게 좀 더 넓은 곳으로 이끌어가는 작가의 의도가 점차 궁금해진다.

우리 동네 이웃집 친구들은 나에게 친근하게 다가온다. 친근한 이름에 반가워하는 아이를 작가는 다시 이웃마을로 이끈다. 이웃마을을 이야기하는 장면부터는 모르는 아이들로 생각해서인지 남자아이, 여자아이라는 호칭이 쓰인다. 잠시, 이웃마을이나 이웃나라에 사는 아이일지라도 이름을 붙여 주었다면 책을 보는 아이에게 좀 더 친근하게 다가갈 수 있을 텐데 하는 생각이 든다. 이름을 붙이지 않은 작가의 의도는 무엇일까? 그러다가 '이름을 부여한다는 것은 한 명의 아이로 한정 짓는 의미가 되겠구나!'라는 생각이 떠오른다. 작가의 이야기 속 아이는 어느 한 명의 아이가 아닌 익명의 아이들이다. 결국, 모든 문장에 '들'이라는 복수가 숨어 있다고 볼 수 있겠다. 이웃마을에도 이름은 모르지만 나와 같은 아이들이 산다.

평화롭게 사는 이웃집과 이웃마을 아이들의 이야기에 머무르고 있는 아이의 시선을 작가는 다시 한 번 이웃나라로 돌린다. 이웃나라에도 이름은 모르지만 나와 같은 아이들이 산다. 그러나 다른 나라 아이들에게는 나와는 다른 생활이 있다. 아기를 돌보고, 물을 긷고, 소를 몰고, 빵을 판다. 나와 이웃집, 이웃마을 아이들과는 사뭇 대조적인 삶이 아이의 눈앞에 펼쳐진다. 이쯤부터 그림책을 보던 아이는 '다른 아이들이 나처럼 즐겁고 행복하기만 한 것은 아니구나!'라는 생각을 어렴풋이 하게 될 것이다. 그러나 여기서 작가는 멈추지 않고, 한발 더 나간다.

그 맞은편 나라의

산 너머 나라 남자아이는 쓰러져 있다.

'어? 이거 아이들 보는 그림책인데…….'

이 장면을 펴든 순간 쓰러져 있는 아이에게 눈을 고정시킨 채 잠깐 멈칫했다. 뒤이어 이어지는 장의 바람이 부는 장면은 스산하기 그지없다. 바람은 쓰러져 있는 아이를 뒤덮을 듯이 분다. 그 스산한 바람은 다시 라면을 먹고 있는 나에게도 분다. 그럼으로써 쓰러져 있는 아이가 있는 곳과 내가 라면을 먹고 있는 이곳이 이어져 있다는 것을 표현한다.

이 모든 장면을 작가는 일관되게 냉정하리만치 간결한 문장으로 보여 준다. 어떤 느낌 표현도 평가도 없다. 문장뿐만 아니라 수채화로 그려진 삽화도 커다랗게 강조한 아이의 얼굴을 어떤 꾸밈도 없이 사실적으로 그려 냈다.

쓰러져 있는 아이를 그려 낸 장면은 아이에게 밝고 행복한 이야기만 들려주고 싶은 어른의 '동심 지켜 주기'를 여지없이 깨뜨린다. 어른의 관점으로 본 쓰러져 있는 아이에게 드리운 건 '죽음'의 이미지이다. 이쯤에서는 아이가 놀라지나 않을까 걱정하지 않을 수 없겠다. 그러나 다행이다. 깜짝 놀라며 그림책을 덮은

아이는 우울하고 힘들어 보일지언정 보름달을 향해 걷고 있는 그 아이를 보며 안도의 숨을 내쉬게 될 것이기 때문이다.

이 그림책에 대한 판단은 극과 극으로 나뉠 것으로 본다. 아이에게 기쁘고 즐겁고 행복한 것만 보여 주고 싶은 어느 블로거는 아이에게 절대 보여 주지 않을 것이라고 곱지 않은 평가를 내리기도 한다. 어릴 적, 언제나 행복한 결말로 매듭지어지는 동화에 둘러싸인 환경에서 자란 어른의 관점으로만 본다면 이 책을 선택하기란 쉽지 않을 수도 있다.

그러나 이 그림책은 '나' 중심의 세상에 머물러 있는 우리 아이들의 시선을 세상으로 넓히고자 한 작가의 의지가 담겨 있음에, 나와는 다른 생활을 하고 있지만 세상 어디든 나와 같은 아이가 살고 있다는 그대로의 사실을 있는 그대로 알려 주려는 노력에 긍정적인 평가를 하고 싶다. 어른의 판단으로 걱정을 앞세우기보다는 함께 읽어 보라고 이야기하고 싶다. 그리고 책을 보고 난 뒤, 어떤 생각이 드는지 꼭 물어봐 주고 나와 이어져 있는 세상에 대해 함께 이야기 나누는 시간을 꼭 가져보기를 권한다. 어려워하는 아이가 있다면 '사회'란 개념에 눈을 뜨기 시작할 때쯤 이 그림책을 다시 보여 주는 것도 좋겠다. 함께 읽어 보고 어려운 환경에 처한 아이들을 위해서 우리가 할 수 있는 것은 무엇인가 생각해 보게 하는 책이다.

최미화　책이 가득 꽂힌 서가를 바쁘게 오가며 '사서가 되길 정말 잘했어.'라는 생각에 행복해하는 공공도서관 사서다. 책 그리고 도서관과 함께 자라는 아이들을 가장 좋아한다.

누구지?

이범재 글, 그림
계수나무 | 36쪽 | 2013

제목과 그림만 봐도 책 내용이 빤히 헤아려지는 표지가 있다. 어떤 책 표지는 본문 중 한 컷을 그대로 써서 내용을 전혀 짐작할 수 없는 경우도 있다. 책의 얼굴인 표지는 당연히 책을 대표해야 한다. 그림을 읽게 되는 그림책 표지는 말할 것도 없다. 그렇다고 내용이나 주제가 너무 훤히 드러나면 오히려 흥미를 반감시킬 수 있다. 그러니 몇 가지 요소들로 독자의 호기심을 발동시킬 수 있도록 구성되어야 한다.

『누구지?』는 우선 제목 글씨체가 마치 받침이 없는 글자를 처음 배운 아이가 크레파스로 서투르게 쓴 것처럼 보여 흥미롭다. 제목을 읽으면서 동시에 글자 주변에 흩어지듯 점점이 찍힌 발자국을 보게 된다. 크고 작은 발자국은 모양도 다 달라 누구 발자국인지 궁금해진다.

이 책 표지에는 제목 글자만큼 눈길을 잡아당기는 요소가 또 있다.

왼쪽 아래 자리 잡은 출판사 로고다. 그다음으로 눈을 가리고 나무에 기대 선 토끼 한 마리가 보인다. 아마도 글자를 깨우치지 못한 아이들에게는 큰 나무에 기댄 토끼가 먼저 보일 것이다. 작게 그려진 토끼 쪽으로 시선이 가는 것이 당연한 까닭은 토끼가 입은 붉은 옷 색깔 때문이다. 제목 글씨 첫 글자 색과도 같아 이 책 출발을 여기에서 해도 좋겠다는 생각이 든다.

표지 그림만 보면 토끼는 숨바꼭질 술래다. 제목 주변 발자국을 따라 나무 뒤에 몸을 숨겼거나 막 숨을 곳을 찾고 있는 동물들이 보인다. 이 장면은 토끼가 숨바꼭질의 술래이면서 동시에 이 책 전체의 술래임을 짐작하게 해 준다. 제목 '누구지?'는 토끼가 하는 질문이기도 하지만 동시에 독자의 질문이기도 하다. 토끼가 궁금해 하는 것이 누구인지 독자도 궁금해진다. 표지를 넘기면 면지 가득 나이 많은 나무들이 빽빽한 숲에 온통 하얀 눈이 내리고 있다. 깊은 밤 내내 쏟아진 눈은 길을 덮고 숲을 한 가지 색으로 채워 넣고 있다.

밤새 내린 눈이 숲을 덮은 아침, 토끼가 잠에서 깨어나 창문을 열어 본다. 숲길이 눈에 덮여 모두 사라져 버렸다. 길이 어딘지 알 수 없게 된 것이다. 친구들이 길 아닌 곳을 가다 넘어져 다치기라도 할까 걱정이 된 토끼가 삽을 들고 나가 눈을 치우기 시작한다. 찬바람 불어오는 겨울 아침, 토끼는 나무들 사이로 난 숲길을 따라 눈 쌓인 길을 깨끗이 치운다. 그런데 길을 다 치우고 집에 돌아와 보니 세찬 바람에 문 한쪽이 떨어질 듯 덜렁거리고 있다. 마침 어떻게 알았는지 연장통을 들고 찾아온 곰이 덜렁거리는 문을 단단히 고쳐 주고 간다. 토끼가 고마워 어쩔 줄을 모르자 곰은 까치에게 공을 돌린다. 자기에게 토끼네 집 문짝이 고장 났다고 알려 준 이는 바로 까치란다. 곰의 말을 듣고 고마운 마음을 전하러 까치를 찾아간 토끼는 뜻밖의 이야기를 듣는다. 문짝이

망가진 걸 보고 곰에게 알려 주게
된 것은 여우 덕분이라는 거다.
그렇게 토끼는 여우를 찾아갔다
가 다시 노루 덕분이란 말을 듣고
는 또 노루를 찾아가는데 노루 역시 고
마운 마음을 멧돼지에게 전하라고 한다. 마지막으로 찾아
간 멧돼지는 눈길을 깨끗이 치워 준 누군가 덕분에 자기
할 일을 하게 되었으니 그에게 고마워하라고 말해 준다.

독자들은 아침 일찍 일어나 눈길을 깨끗이 치운 친구가 누구
인지 이미 알고 있다. 자기 집 문짝을 고치게 되어 고마운 마음을 전하
려고 온 숲을 돌아다닌 토끼가 바로 그 고마운 누군가였다. 중요한 것
은 토끼가 눈을 치우려는 마음이 어디에서 시작되었느냐다. 온 숲에 높
이 쌓인 눈을 본 토끼가 처음 한 생각은 '친구들이 넘어져 다치지 않을
까?'였다. 자신이 불편해서 그런 것도 아니었고, 치우는 동안 세차게 부
는 바람도 상관없었다. 나보다 다른 이를 위한 배려를 행동으로 옮긴
토끼 스스로가 바로 토끼가 찾던 고마운 이였던 것이다.

그런데 그림을 꼼꼼히 살펴본 독자라면 타인을 위한 배려를 실천한
것이 토끼 혼자만이 아니었다는 사실을 발견했을 것이다. 좋은 소식을
알려 주는 까치, 숲길에 버려진 쓰레기를 줍고 있던 여우, 겨울잠을 자
는 벌레들을 위해 짚으로 나무를 둘러 주는 노루, 그리고 노루뿐 아니
라 염소할아버지에게도 신선한 채소를 나눠 주던 멧돼지들 모두가 다
른 이를 위한 배려를 행동으로 실천하고 있었던 것이다. 각자 자기가
할 수 있는 작은 행동을 실천에 옮겼던 것이 온 숲을 행복하고 평화롭
게 만들었다.

이야기에 흐르는 시간 중 한 순간을 붙들어 한 장면으로 표현할 때는

언제나 아쉬움이 생기기 마련이다. 그림 한 장이 갖는 그런 단점을 보완하기 위해 각기 다른 시각에 일어난 일들을 한 장면에 같이 그려 넣는 경우가 있다. 펼친 면을 세로나 가로로 여러 컷 나누기도 하고, 만화 기법을 빌려 와 칸을 나누어 그려 넣기도 한다. 이 책의 몇 장면이 그러한데, 토끼가 지나가는 길목마다 지금껏 만났던 동물들과의 장면을 작은 컷으로 한 장면 안에 그려 넣은 것이다. 고마운 누군가를 찾아가 만나는 토끼 행적이 순차적으로 한 장면, 한 장면에 담겨 있다. 토끼가 지나온 길을 따라 누가 누구에게 어떤 일을 해 주었는지 길 모양에 맞춰 이어진 문장을 마치 눈발자국처럼 넣은 것도 재미있다. 문장들 사이에 찍힌 동물들 발자국을 찾아보는 일도 즐겁다.

　무엇보다 결정적인 장면은 마지막 멧돼지의 말을 들은 토끼가 미소를 머금은 채 멧돼지와 시선을 맞추고 잠시 시간이 멈춘 듯 마주 보고 있는 장면이다. 아무런 텍스트 없이 눈빛만으로 이야기 정점을 찍고 있는 이 장면에 흐르는 것은 고요한 행복감이다. 색연필, 크레파스의 질감과 종이로 찢어 겹쳐 붙인 듯 친근한 이미지가 더해져 따뜻하고 부드러운 느낌이다. 디지털 기법으로 자칫 밋밋하고 차가울 수 있는 질감을 극복하고 그런 손맛을 구현해 낸 작가의 노력이 빛을 발한 결과이다.

　토끼는 아침 일찍 온 숲길의 눈을 쓸고 하루 종일 고마운 누군가를 찾아다니다 해질 무렵 집으로 돌아온다. 침대에 누워 모두에게 고맙다는 인사와 함께 자신에게도 고맙다는 말을 한 뒤 곤한 눈을 붙인다. 행복한 하루를 보낸 토끼는 달콤한 꿈속에서도 숲 속 친구들과 만나 행복한 미소를 짓게 될 것이다.

김혜진 오랫동안 유아학습지와 전집물에 그림을 그렸다. 그러다 그림책을 만들고 싶어 어린이 책을 읽기 시작했는데 지금은 그림책에 관한 글쓰기와 강의를 하고 있다.

신발에서 세상과 일을 발견한다

무엇을 할까?

정해영 글, 그림
논장 | 40쪽 | 2011

정해영 작가의 책을 보면 정성과 수고가 느껴진다. 작가의 첫 그림책 『세계의 신발-누구 발일까?』를 봤을 때 '와, 좋은 모티브네! 색이 곱다. 여러 문양이 예쁘다. 유익하네. 어, 작가의 전공분야구나. 역시!' 했다. 그보다 먼저 나온 책, 『패션, 역사를 만나다』를 찾아보곤 이런 느낌을 확인할 수 있었다. 작가는 어려서 옷 입히기 인형을 좋아했고, 대학에서 의류직물학을 공부했고, 독일에서 산업미술을 공부, 패션 디자이너직업, 작가의 꿈을 키우며 다시 공부했다. 두 책을 통해 재밌게 공부하고, 가장 잘할 수 있는 것으로 책을 쓰고, 아이들을 사랑하는 작가구나 하는 생각이 들었다.

『무엇을 할까?』는 신발을 가지고 일을 소개한다. 일과 관련된 신발의 종류를 알려 준다. 역시 지나치기 쉬운 신발을 소재로 '일' 이야기를 해 보려는 의도는 작가 이력에서 자연스럽게 읽힌다.

　이번 책은 앞의 책들보다 다소 어린 아이들을 위한 책이다. 수수께끼 형식의 두 박자 구성이며 묻고 답하는 형식이다. 이런 박자감은 어린 유아들이 다음 장면을 예상할 수 있기 때문에 안정감 있게 책에 접근하게 하고, 질문 덕분에 잘 집중하게 한다.

　　'씽씽 쌩쌩 바람처럼 달려가

　　뻥뻥 힘차게 공을 차

　　누구 발일까?'

　첫 질문이다. 커다란 축구화가 도드라진 그림과 함께 '누구 발일까?' 하고 묻는 장면이다. 그림은 콜라주 방식을 선택했는데 크고 선명하게 표현하고 있다. 작가는 색을 과감하게 대비시켜 입체감을 주고 눈에 띄게 그림을 구성한다. 처음에는 좀 낯선 색감인데 볼수록 익숙해지며 조화롭다. 색에 자신 있는 패션 디자이너 작가의 표현방식이다. 이런 색감이 책 전체 분위기를 밝게 이끈다.

　'축구화 신은 축구 선수 발이지. 딱딱한 운동장에서도 부드러운 잔디밭에서도 징 달린 축구화 신고 요리조리 슉슉, 슛, 골-인!' 야, 우리 편이 이겼다!'"

　이렇게 두 화면에 걸쳐, 반복적으로 축구 선수의 축구화, 발레리나의 토슈즈, 소방관의 방수화, 어부의 가슴장화, 모델의 뾰족구두, 잠수부의 오리발, 우리들의 운동화를 소개한다. 그리고 다시 한 페이지에 모아 간호화, 군화, 피겨스케이트, 안전화, 등산화, 신사화를 더 보여 준다. 그리고 각 신발에 대한 자세한 보충 설명이 따른다. 미처 생각지 못한 신발과 일에 대해 생각해 보는 기회이고 여러 가지 신발과 일에 대한 정보를 알게 된다.

더불어 아이들도 발이 고맙고 신발이 고맙단 생각을 할까? 아, 이런 일들이 있구나. 세상이 넓구나 하는 생각을 할까? 그러리라 싶다. 작가는 그림에서 바다로, 바닷속으로까지 데리고 들어간다. 그 시원한 그림을 보니 등산가가 보이는 높은 산이 나오는 장면도, 농부가 보이는 들판도 나오면 좋겠구나 싶다. 이 책을 아이와 읽으면서 더 생각해 보고 그려 보고 하게 될 것이다. 그럴 여지를 남겨 둔 책이다. 우주인이 신는 신발은 어떻게 생겼지? 아이들도 궁금해할 거고 또 어떤 신발이 있을까? 이리저리 빠진 게 있나 궁리해 볼 거다. 운동화는 여러 가지 운동화 종류를 쉽게 시장에서도 찾아볼 수 있으니 축구화와 모아서 좀 더 자세히 나왔어도 재밌을 것이다. 책과 생활을 연계시키기 좋은 기회이다.

'토슈즈 신은 발레리나 발이지. 어라, 신발 끝이 나무처럼 딱딱해? 뱅글뱅글 팽이처럼 빙글빙글 훌씨처럼 뱅그르르르 빙그르르르 한 발짝 물러났다 펄쩍 날아오르면 너울너울 춤추는 새하얀 백조 같아.'

이처럼 큼직큼직 시원한 그림과 함께 의성어, 의태어를 많이 쓴다. 어린 유아를 위한 배려이다. 그러나 의성어, 의태어가 주는 재미도 있지만 너무 많이 쓰면 리듬감을 떨어뜨리고 중심어휘에 집중하기 어렵다. 그림에 잘 표현되어 있으니 글에서 반복된 것을 줄이면 읽을 때 더 편안하다.

또 발레리나를 설명하는 문장이 앞의 축구 선수를 말하는 문장과 흐름이 다르다. 그다음 일과 신발

장면들도 마찬가지다. 어린 유아용 그림책은 리듬이 주는 재미가 있다. 『무엇을 할까?』는 두 박자 구성을 선택했다. 그렇다면 읽어 주는 사람이나 듣는 사람이 리듬감을 느끼게 호흡을 통일해 주면 더 좋지 않았을까 싶다.

'일'이라는 주제는 6, 7세 아이들이 더 관심을 가질 것 같다. 마지막 페이지에 모아 둔 보충설명을 풀어서 본문에 쓰면 어떨까 생각해 봤다. 재밌는 정보가 많았기 때문이다.

'축구화 신은 축구 선수 발이지.'

축구화는 선수들에게 공 다루는 기술만큼 중요해. 발에 잘 맞아 편해야 하고 부드러운 가죽으로 만들어 공을 느낄 수 있지. 신발 밑창에는 미끄럼을 막아 주는 징이 달려 있어. ……

그리고 추가로 들어간 신발과 일 종류도 한 페이지 한 페이지 자세히 한다면 분량이 좀 많아지고 더 큰 아이를 위한 정보그림책이 될 것이다. 그러나 아마 작가의 의도는 그게 아니었던 것 같다. 좀 더 어린 아이들을 위한 스타트용 책이라면 기존의 형식이 좋다.

정해영 작가는 디자인과 색에 대한 감각이 좋다. 작품의 모티브도 자기 삶 속에서 나온다. 멋진 출발 지점을 갖고 있는 작가다. 이번 책으로 잊고 있던 발과 신발에 대해 생각하게 했고 거기서 일과 세상을 보게 했다. 나도 일하느라 아픈 내 발바닥에 다시 애정을 갖고 이런 신발 종류도 있다면서 내 푹신한 지압용 슬리퍼들을 쳐다봤다. 다음 작품 역시 그가 잘 아는 패션과 무엇을 연결할지 궁금하다. 다음 작품도 기대해 본다.

강정아 부산 어린이전문서점 〈책과아이들〉 공동대표. 1993년부터 어린이 책 분야에 입문하여 서점 운영, 독서. 글쓰기 강연을 한다.

다채로워
아름다운 세상

빨강이 어때서

사토 신 글 | 니시무라 도시오 그림 | 양선하 옮김
내인생의책 | 32쪽 | 2012

일본에서 멋진 남자는 'イケメン(이께멘)'이다. 그 멋진 남자를 가리키는 '이께멘'은 아이 육아에 적극적으로 관심을 갖고 참여하는 남자, '전업 주부'를 가리키는 말이기도 하다. 이 책의 지은이는 '이께멘'. 집안일을 도맡아 하며 아울러 글도 쓴다. 하루 종일 아이와 함께 씨름하고 그 경험을 살려 『뿌지직 똥』, 『주전자 엄마와 이불 아빠』, 『내 머리 왜 이래』 등 어린이 마음을 꿰뚫는 글을 썼다. 아이 마음속으로 들어가 아이가 어떤 마음으로 그 상황들을 맞닥뜨리는지 경험해 본 사람만이 쓸 수 있는 책이다.

또 아이를 오랫동안 관찰하고 아이 수준에서 아이의 아픈 마음을 다독여 준 적 있으며 기쁨과 슬픔을 아이와 함께 나누면서 '내가 세상에서 제일 소중한 사람'이라는 마음을 심어 주려고 노력하는 어른이 쓸 수 있는 책이기도 하다.

　간지러운 마음을 콕 집어 주었으니 당연히 읽는 아이는 재미있고 신난다. 아픈 마음을 다독여 주었으니 아이는 이겨 낸다. 기쁨과 슬픔을 함께해 주었으니 아이는 마음을 열어 카타르시스를 느낀다. 그 아이가 눈에 띄지 않는 보통 아이라면 그냥 넘어갈 법도 한데 소외받는 아이, 남과는 다른 환경에서 자라는 아이, 어려움을 극복하려고 노력하는 아이를 염두에 두고 쓴 글이기에 이 책은 다시 읽힌다.

　표지에서 앙다문 입 모양의 순해 보이는 고양이 한 마리가 묻지도 않았는데 한마디 하고 있다.

　빨강이 어때서.

　그러고 보니 빨간 고양이다. 빨간색이 흰 바탕 속에서 더욱 도드라진다. 빨간 고양이는 아무렇지도 않은데, 남들과 다르게 빨간 색인 것이 오히려 마음에 드는데 그런 빨간 고양이를 '특별하게' 만드는 건 엄마, 아빠 고양이다.

　"빨개서 어쩌지."

　"쟤는 왜 빨갈까?"

　"우유를 좀 먹여 봐, 하얘지도록."

　필요 없는 걱정으로 자신을 제대로 인정해 주지 않는 가족들 때문에 슬퍼진 빨강이가 슬픔을 눌러 참고 그대로 집에 머물렀다면 이야기는 재미없다.

　빨강이 어때서!

　빨강이는 자신의 참모습을 보아주는 누군가를 찾아 집을 나온다. 책 속에는 안 나오지만 빨강이는 집 나올 때 한 마디 했을 것 같다. 자신의 참모습을 보아주지 않는 가족들을 향해서.

　빨강이가 멋진 건 이 부분에서였다. 태어난 대로 남들의 놀림과 동정을 받으며 슬픔을 부여잡고 그냥 머무는 것이 아니라 어딘가 있을 자신을 알아주는 누군가를 찾아 빨강이는 길을 떠난다. 봇짐을 메고 떠나는 그 길이 왜 힘들지 않았으랴. 자신을 인정해 주는 누군가가 도대체 어디에 있는지, 행여 어디에도 없는 건 아닌지 두렵기도 했을 것이고 막막하기도 했을 것이다. 그러나 집을 박차고 나온 용기는 두려움도 막막함도 이겨 내게 만들었고 자신을 알아주는 누군가가 어딘가에 틀림없이 있을 것을 확신하는 간절한 마음은 기적을 만들어 낸다.

"우아, 네 빨간 털, 정말 예뻐!"

빨강이에게 이 말을 해 주는 고양이는 파랑 고양이였다.

빨강이처럼 남들과 다르게 생긴 자신의 모습에 같은 상처를 받고 어쩌면 파랑이 역시 지나치게 걱정해 주는 가족들의 품을 떠나온 고양이였는지도 모른다. 누구나 자신도 겪었던 일은 쉽게 동감하고 비슷한 처지의 사람들이 선뜻 마음을 터놓기 마련이니까. 그러나 이왕이면 빨강이의 힘든 것을 알아주고 위로해 주는 고양이가 빨강이처럼 눈에 띄는 특별한 색의 파랑 고양이가 아니라 보통의 검은 고양이거나 하얀 고양이 혹은 줄무늬였으면 좋았을 뻔했다. 왜 가재는 게 편이어야 하는가. 빨강, 파랑처럼 특별한 색깔끼리가 아니라 빨강이 검은색과 어울릴 수도 있는 것이고 파랑이 줄무

늬와 어울려도 좋은 것이다.

특별한 색깔끼리 만나서 빨, 주, 노, 초, 파, 남, 보 다양한 새끼들이 태어나는 것보다 특별한 색깔의 고양이와 보통의 검은색이나 흰색 혹은 줄무늬 고양이가 만났을 때 더욱 특별한 모습의 새끼가 태어날 확률이 더 높지 않나.

빨강이와 파랑이의 빨, 주, 노, 초, 파, 남, 보라색 특별한 아기 고양이들이 자신들처럼 특별한 고양이를 만나기 위해 노력하며 살아야 한다는 것은 너무 가혹하기까지 하다. 특별함을 특별하지 않게 보아주는 세상. 특별한 누군가를 생긴 모습대로 인정해 주며 그 안의 가능성을 보아줄 때 그 특별함은 빛날 수 있다.

빨강이 어때서.

이제 힘듦을 이겨 낸 장한 빨간 고양이는 지나치는 이들을 향해 묻지도 않은 말로 자신을 드러내며 당당하게 서 있다.

빨간 엄마 고양이를 따라 엄마가 걸은 길을 나란한 걷게 될 주황, 노랑, 초록, 파랑, 남색, 보라, 알록달록 새끼 고양이들이 아빠 고양이의 뿌듯한 눈길을 받으며 알콩달콩 살기 적당한 커다란 집으로 줄지어 들어가고 있는 마지막 쪽 모습은 참 행복해 보인다.

다름을 표현하는 선명한 색깔들과 간단하지만 선 굵게 표현된 고양이 표정들이 오히려 슬프고 행복한 장면마다의 감정을 잘 드러내 주는 책이다.

남정미 염리초등학교 사서, 초등학교 때부터 담당선생님이 정해져 있지 않은 학교도서실을 지키며 책에 대한 재미를 알아 갔다. '우리의 마음속에는 모든 것을 더 잘 해내는 누군가 들어 있다는 사실을 알아야 한다.' 그때 마음에 박힌 싱클레어의 한마디로 힘을 내 살고 있다.

죽음에 대해 **대화**하는 시인과 **화가**

시튼 동물기

고은 글 | 한병호 그림
바우솔 | 40쪽 | 2012

요즘 부쩍 시 그림책의 매력에 빠진다. 시 그림책은 시와 그림뿐 아니라 시인과 화가의 대화를 엿볼 수 있는 흥미로운 작품이다.

천정철 시인과 이광익 화가의 『쨍아』란 시 그림책을 보면 레오 딜런, 다이앤 딜런 부부가 말하는 '제3의 손'이란 말이 나온다. 그들은 그림책 한 권을 늘 번갈아 그리며 작품을 완성한다. 그때 자신들도 깨닫지 못하는 사이 제3의 손이 그리는 작품이 나온다고 한다.

시와 그림이 만나는 시 그림책에서 그런 맛을 느낄 수 있다. 두 작가의 대화가 들리고, 시만이 아닌 또 하나의 이야기를 만나는 것이다. 단지 아이들에게 시를 더 잘 이해시키려는 의도를 넘어서, 시 세계에 푹 빠져 작업하고, 그림으로 자기 생각을 따로, 또 시와 조화롭게 표현하는 작품에서다. 이미 우리 주변에 그런 그림책이 꽤 있다.

　고은 시인과 한병호 작가가 만나 탄생한 『시튼 동물기』 역시 그렇다. 화가의 석판화 작업은 이리왕 로보나 회색곰 와프 이야기에, 그리고 주인공 차령이의 자연스런 성장에 어울리는 선택이다. 편안하고 안정된 색들과 선들이 시를 가리지 않는다.

　조선말 학자, 최한기는 인간과 세계는 같은 기로 되어 있어 그것이 모이고 흩어져 우주 만물을 형성한다고 했다. 이 책에서 선과 도형, 색이 로보와 와프와 차령이, 산과 물과 방과 책에 통일되어 나타나는 것은 우리 모두는 동일한 기로 이루어져 있음을 시각적으로 보여 주는 듯했다. 자연만물이 평등한 위치에 있단 점과 삶과 죽음은 단지 기가 모이고 흩어지고 하는 일, 즉 하늘과 땅의 기로 되돌아가는 일임을 그림으로 느끼게 해 주어서 죽음을 자연스런 것으로 받아들이게 한다.

　최한기가 말하는 만물의 구성원소이며 원리인 기는 잠시도 멈추지 않는 성격을 가지는데 한병호의 그림 속 선과 형태, 색들 역시 멈추지 않고 꿈틀대며 변화하는 느낌이 들어 화가가 보는 세계와 죽음 역시 동적이란 생각을 하게 한다.

　또, 기억에 남는 장면은 조그마한 문을 향해 모두가 들어가는 장면과 그다음 장의 세계, 차령이도 알고, 엄마도 알고, 우리 모두 아는 세계를 그린 것이다. 그 세계를 잊고 싶을 때, 두려움이란 부작용은 아이에겐 숨겨야 할 것 같은 왜곡된 현실을 만들곤 한다. 차령이도 당연히 아는 현실을, "눈을 빛내며, 나도 알아, 나도 알아." 하는 현실을 화가는 밝고 큰 화면에 배치한다. 차령이와 엄마의 기억에 남은 듯이 로보와 와프를 채색하지 않고 선으로 표현했다. 이미 그들을 구성하던 것들이 우주로 돌아간 느낌이다. 별이 된 것 같기도 하다. 별자리처럼 표현하고 있는 것이다.

'사람보다 당당하게 죽어 갔어요.'
'아주 새록새록 죽어 갔어요.'

시에서 이 부분이 좋다. 고은 시인은 딸 차령이가 시튼 동물기를 통해 삶과 죽음이 자연스런 생명 과정임을 받아들이는 모습을 발견한다. 어른들처럼 어려워하거나 피하려 하지 않는다. 그래서 '사람보다'는 빼고 싶다. 그저 '당당하게 죽어 갔어요.' 했으면 한다. 차령이처럼 독자도 당연히 받아들이게. 특히 아이들은 아직 사람들의 비겁함을 모르고 있으니 처음부터 당연했으면 싶다. 설교하지 않아도 그럴 수 있는 게 아이들 독자다. 매일 밤 엄마 옆에서 잠자듯 '아주 새록새록 죽어 갔어요.'는 그래서 더 좋다.

『시튼 동물기』를 봤을 땐 고은 선생님의 다른 시가 떠올랐다.

서산 할머니

충남 서산군 서산읍 지나

거기 어느 마을 할머니

일흔 살에

나이 더 잡수어

막내 손자 업고 나갔다 들어와

함께 늙어가는 며느리더러

아나 네 새끼 받아라

나 인제 갈란다

갈란다의 긴 소리 갈란다아아아아

그러고 나서 방에 들어가

조금 누웠다가

그길로 열반에 드시오니 ……

(4, 5연 생략)

　이 시만 봐도 서산 할머니가 어떤 삶을 살았을지 느껴진다. 삶과 죽음의 모습은 닮을 수밖에 없다. 삶이 두렵고 혼란스런 사람은 죽음 역시 그렇다. 삶이 정돈되고 담담한 사람은 죽음 역시 담백하다. 이리왕 로보와 회색곰 와프의 치열하고 당당한 삶은 당당한 죽음과 만난다. 그 죽음이 사고이든 병듦이든, 늙음이든 억울함이든 그 형태가 어떠하든 삶의 모습 그대로이다.

　시인은 우리에게 죽음은 그저 삶의 연장이라 한다. 죽음을 받아들이는 모습은 삶이 결정해 줄 것이다. 서산 할머니가 그렇고 로보와 와프가 그렇다. 그러니 두려워하지 말고 호들갑스러워 하지 말라 한다. 화가는 큰 시인의 말에 동의하며 삶과 죽음의 색과 선과 형을 크게 달리하지 않는다. 사물과 우주와 사람도 크게 다르지 않다. 화가에게서 만물에 대한 평등한 의식을 느낄 수 있다. 어린 차령이가 눈을 빛내며 듣는 세계에 대한 질문을 직접적으로 던지는 아이도 있다. 그러나 모두 마음속에 그 질문을 품고 있을 것이다. '왜?'가 아니라 '어떻게?'로 받아들여야 하는 죽음에 대해 작은 대답이 될 수도 있겠다.

강정아　부산 어린이전문서점 〈책과아이들〉 공동대표. 1993년부터 어린이 책 분야에 입문하여 서점 운영, 독서. 글쓰기 강연을 한다.

쌍둥이할매식당

우에가키 아유코 글, 그림 | 이정선 옮김
키위북스 | 40쪽 | 2012

유년기 아이들은 주로 동물이나 어린이가 주인공인 그림책을 좋아하지만 『쌍둥이할매식당』처럼 할머니가 나오는 그림책도 좋아한다. '할매'는 할머니를 더 친근하게 부르는 말이다. 쌍둥이할매 안나와 한나는 마을 숲 어귀에서 식당을 한다. 뽀글뽀글 파마머리에 분홍과 파란색 원피스와 스카프로 쌍둥이 패션을 완성한 센스 있는 만능 요리사다. 신선한 재료로 만든 오늘의 추천요리를 먹는 손님들 표정엔 맛있는 음식을 함께 나누는 즐거움과 행복이 가득하다.

쌍둥이할매식당을 쓰고 그린 '우에가키 아유코'는 좋은 그림책은 '그림만 보아도 이해가 되는 책'이라는 원칙을 지키며 이야기를 이끌어 간다. 1978년 카나가와 현에서 태어나 와코 대학에서 일본화를 전공하고 제1회 DIY창작어린이책 대상과 제3회 핀포인트그림책공모에서 우수상을 수상한 경력이 말해 주듯 밝고 따뜻한 분위기를 연출한다.

첫 장면은 작고 아담한 일본식 주택에 사는 주민들 일상이 펼쳐지고, 쌍둥이할매식당 주방엔 우메보시 같은 절임 반찬류를 담은 올망졸망한 병들이 즐비하다. 알록달록한 접시 장식물과 액자는 일본 문화와 정서가 묻어나지만 따뜻함도 놓치지 않는다.

도입부의 밝고 훈훈한 식당 분위기와 달리 불 꺼진 침실의 어두운 풍경은 앞으로 일어날 사건을 예고하며 긴장감을 불러온다. 창 밖에서 식당을 엿보던 큰 곰은 침엽수가 빽빽한 어두컴컴한 숲으로 쌍둥이할매를 업고 간다. 왜 그런 걸까?

알고 보니 큰 곰은 심한 감기에 걸려 먹지 못하는 아내와 아이들에게 쌍둥이할매들이 만든 음식을 먹게 하고 싶었던 것이다.

쌍둥이할매는 가족을 사랑하는 곰의 마음에 감동하여 특별 요리를 정성껏 만들었고, 그 덕분에 곰 아내와 아이들은 기운을 차린다. 눈물을 뚝뚝 흘리며 걱정하던 곰 얼굴엔 웃음이 피어나고, 곰 가족이 먹는 걸 지켜보던 쌍둥이할매들의 흐뭇한 표정에도 마음 가득 따뜻한 기운이 감돈다. 쌍둥이할매의 종을 초월한 소통과 나눔 정신은 여기서 끝이 아니다. 곰집에서 나는 음식 냄새에 숲 속의 동물들이 코를 킁킁거리며 찾아왔고, 곰은 넉넉한 마음으로 그들에게 음식을 대접한다.

화면을 가득 채운 세밀한 그림은 보는 재미와 상상의 즐거움을 동시에 즐기게 한다. 식탁 위에 올라앉은 생쥐와 다람쥐도 귀엽지만, 너구리와 토끼의 의자 받침대로 쓰인 냄비와 벌꿀사전을 보는 것 자체로 즐거움을 선사한다. 단순히 글 내용을 설명하는 그림이 아니라 작가의 상상력이 더해져 눈썰미 좋은 독자는 깨알 같은 기쁨도 맛본다.

숲에서 식당으로 돌아온 쌍둥이할매는 깜짝 놀랄 이벤트를 준비하고, 숲 속 동물들을 식당으로 초대하면서 음식 값은 숲에서 난 과일이나 나무 열매와 버섯으로 내면 된다는 광고를 낸다. 소식을 접한 동물들이 숲에서 난 열매와 버섯을 이고 지고, 식당으로 모여드는 모습은 저절로 엄마 미소를 짓게 한다. 빨간 열매를 물고 온 비둘기, 버섯 바구니를 목에 걸고 온 뱀, 작은 수레에 머루를 싣고 온 다람쥐, 열매 바구니를 등에 지고 온 메추라기, 버섯이 가득 찬 바구니를 나뭇가지에 걸고 동무와 메고 온 생쥐, 버섯이나 열매가 담긴 바구니를 앞발에 걸고 온 너구리와 여우와 사슴과 토끼, 뾰족뾰족 솟은 가시에 열매를 콕콕 꿰고 온 고슴도치는 상상력이 반짝, 빛나는 장면이다.

마을 사람들과 숲 속 동물들이 함께 어울려 식사하는 모습은 한 편의 판타지 영화를 보는 것 같다. 동물들을 식당으로 초대한 건 쌍둥이 할매의 인생 경륜에서 나온 나눔 정신으로 읽힌다. 그러나 그 바탕에는 '와[和]'를 중시하는 일본 정신과 문화가 녹아 있다. 와는 和의 일본어로 '사람들끼리 서로 사이좋게 지내는' 것을 의미한다. 즉 섬나라 '일본은 모두 한 가족이므로 싸우지 말고 화해하자.'는 것인데, 뒤집어 생각하면 '화해하지 않는 자는 받아들이지 않는다.'는 뜻도 된다. 그러므로 '와[和]'는 평등한 공동체를 의미하면서 동시에 엄격한 질서를 뜻한다. 일본인들이 절대 남에게 폐를 끼치지 않으며 자기 역할을 분명히 하고,

도움을 받으면 반드시 보은하는 것도 ‘와 정신’에서 나온 것이다. 초대받은 동물들이 공짜로 먹지 않고 숲에서 얻은 것으로 값을 치르게 한 것도 ‘와[和]’ 문화로 이해된다.

이 그림책은 위에서 내려다본 부감법(High angle)을 사용했다. 부감법은 전체 상황을 보여 주는 데 편리하고, 실내 인물 배치나 공간 상황 묘사에 적절한 방법이다. 독자의 시선도 위에서 아래로 내려다보기 때문에 편안하고, 전체와 부분 묘사 및 입체감도 금세 파악된다. 모두가 어울려 식사하는 장면에서 제라늄 화분을 올려 두었던 창틀에 마련된 생쥐와 다람쥐를 위한 식탁이나, 천장에 매단 바구니에 새들이 둘러앉아 모이를 먹는 모습이 눈에 들어오는 것도 이런 까닭이다.

안나와 한나 할매처럼 자신이 잘하고 좋아하는 일로 이웃과 나눔을 실천하는 모습은 그 자체로 잔잔한 감동을 준다. 숲 속 동물들과 소통하는 모습에서는 옛날 만화 ‘호호아줌마’가 떠오른다. 동글동글한 모습이나 음식 만드는 걸 좋아하는 모습이 닮았다.

이 책은 쌍둥이할매를 통해 사람과 동물이 서로 사랑하며 더불어 살아가는 즐겁고 행복한 삶을 따뜻하게 풀어내어, 보는 즐거움과 종을 초월한 나눔이라는 메시지를 효과적으로 전달한다.

좋은 책은 국가와 민족을 초월하여 서로 이해하고 함께 어울려 사는 미덕을 느끼게 한다. 좋은 책이 인간과 세계를 바라보는 따뜻한 눈을 갖게 하듯 쌍둥이할매도 그렇다. 아이에게 사랑을 느끼게 하고 싶다면 『쌍둥이할매식당』을 슬쩍 놓아 주어도 좋겠다.

이순옥 광주에서 늘푸른작은도서관을 운영하며, 책으로 이웃과 소통하는 삶을 즐긴다. 유아들에게 그림책을 읽어 주고 책 놀이를 하면서 정화되는 느낌이 참 좋단다.

한 여름밤의 느닷없는 **정전**, 가족의 **행복**을 일깨운 **선물**

앗, 깜깜해

존 로코 글, 그림 | 김서정 옮김
다림 | 48쪽 | 2012

어린 시절, 텔레비전에서 '어린이들은 잠자리에 들 시간'이라는 아나운서의 안내 방송이 흘러나올 때쯤이면 자주 정전이 되곤 했었다. 그럴 때면 늘 초를 찾아 어둠 속을 더듬어 다녔고 정작 촛불을 켜고 나면 언니들이랑 남동생 손목을 붙잡고 옥상으로 올라가곤 했다.

처음엔 옥상에서 봐야 어디까지 정전이 된 건지, 언제 불이 들어오는지 확인할 수 있어서였을 터다. 그러나 언제부터인가 비슷한 심정으로 옥상으로 올라오던 이웃들과 자연 사이에서 느꼈던 안도감과 편안함을 즐겼지 싶다.

옥상에선 "아이구, 저기 저 동넨 정전이 아닌가 보네.", "한창 빨래 중이었는데 이게 뭐야.", "올라오니 시원하긴 하네." 등등의 두런거림이 묘한 화음을 만들어 냈고 때론 야음의 익명을 틈탄 내용 모를 '샤우팅(?)'

까지 섞여들어 웃음을 자아내기도 했다.

쏟아져 내리는 별빛이나 유난히도 밝게 빛나던 달빛은 또 어찌 그리 정겹던지…….

마음마저 환해져 그 빛들 사이를 폴짝폴짝 뛰어다니며 놀다 불이 들어와 내려왔을 땐 늘 기분 좋게 졸렸던 것 같다.

뉴욕 브루클린에 살고 있는 작가 존 로코도 대한민국 부산에 살았던 나와 비슷한 경험을 한 것일까?

작가는 자신의 실제 경험을 바탕으로 밤의 낭만과 여유를 즐기게 된 과정을 친숙하면서도 환상적인 그림으로 펼쳐 보이면서 각자의 삶으로 바쁘고 정신없는 도시의 일상을 잠깐 멈추고 가족과 더불어 특히 아이와 함께 눈을 맞추고 소통하면서 쉬어 가기를 권하고 있다.

여느 때와 같은 어느 여름밤. 사방에 불이 켜진 도시는 시끄럽고 덥다. 그리고 아파트 창가에 비친 가족들의 모습은 바쁘기만 하다. 누나는 전화통을 붙잡고 수다 삼매경이고 엄마는 컴퓨터 앞에서 고개를 들 줄 모른다. 아빠조차 요리 중이다!(이건 뉴욕에서나 가능한 풍경이지 싶다.) 두 명 이상이어야 가능한 보드놀이를 같이 할 사람이 있을까? 누나는 나가라고 소리만 질러 대고 아빠 엄만 바쁘다고 미안하단다. 속이 상해 게임기 앞에 앉은 아이 옆을 지키는 건 고양이뿐이다. 그 와중에 갑자기 전기가 나가 버렸다. 불도 안 들어오고 전화도 안 된다. 사방이 온통 깜깜하고 조용하고…… 고요해졌다.

덕분에 가족들이 모였다. 손전등과 촛불이 있는 식탁에 둘러앉은 가족들은 아빠의 그림자놀이를 감상하고 자기보다 큰 강아지 그림자에 놀라 후다닥 도망가는 고양이를 좇던 아이의 시선은 옥상으로 향한다. "저리로 가자."고 조르는 아이를 데리고 계단을 오르고 또 올라 옥상으로 간 가족들. 거기엔 빛이 펼쳐져 있다. 도시의 밤하늘을 뒤덮은 별빛들이다. 사람들도 있다. 서로 손을 흔드는 사람들. 누군가는 바비큐 파티 중이고 또 다른 이들은 춤을 추고 있다. 파티는 길 아래서도 벌어지고 있다. 와우! 아이스크림이 공짜다. 또 소화전에서 뿜어지는 물 덕분에 아이들은 수영복 차림으로 환호하며 물놀이를 즐긴다. 한켠에선 연인들이 기타를 퉁기며 노래를 부르고 있다. 아이스크림을 하나씩 들고 그 광경을 즐기며 이야기를 나누는 가족들. 잠시 후 불이 다시 들어오고 가족들은 다시 각자의 일상으로 돌아왔다. 그런데 아이는 아무 말 없이 스위치를 '딸깍' 하고 내렸다. 가족들은 아이의 귀여운 장난에 기꺼이 식탁 앞으로 모여든다. 그러고는 촛불을 켜고 아이가 그토록 함께하고 싶어 하던 보드놀이를 시작한다.

작가는 느닷없는 정전의 경험을 밤낮없이 바쁜 각자의 일상을 멈추고 가족과의 여유를 즐기는 마법 같은 선물로 바꿔 놓았다. 그러면서 늘 함께할 사람을 찾는 아이를 혼자 두지 말고 서로 어깨를 감싸고 눈을 맞추며 웃고 소통하라고 말한다.

이 부추김 덕분에 책을 읽은 아이들은 정전을 기다리거나 집안의 스위치를 내려 어둠을 만들지도 모르겠다.

특히 부모가 "이거 다 해 놓고 놀자.", "다음에 꼭 해 줄게."라고 말하며 함께하기를 미루거나 텔레비전이나 비디오를 틀어 주면서 함께한 걸로 착각하고 있다면 그 확률은 더 높아지지 싶다.

디즈니랜드 조형물 디자인을 하고 드림웍스 사

의 애니메이션 '슈렉'의 그림도 그렸다는 작가는 주특기를 살려 만화 기법으로 담백하고도 힘 있는 필치로 그림책을 만들어 냈다.

축 처진 채 계단을 오르는 아이의 뒷모습과 상심한 채 의자에 앉아 텔레비전 리모컨을 만지작거리는 아이의 옆모습은 눈빛 하나 없이 외롭고 서럽고 쓸쓸한 아이의 속내를 여과 없이 드러내고 갑자기 찾아온 어둠 속에서 엄마 등을 꼭 껴안고 있는 아이의 몸짓과 눈빛은 공포를 전달하는 식이다. 또 서로 눈을 맞추고 웃으며 이야기를 나누는 가족의 모습은 잊고 있었던 가족의 본질과 행복을 일깨워 주며 각자의 모습을 되돌아보게 한다.

강약 조절로 집중력을 더한 색감 역시 아날로그적 주제를 더욱 명확하고 설득력 있게 전해 준다. 작가는 상식적으로 그림책에 어울리지 않는 검은색을 책 전반에 내세워 풍성한 배경색으로 탈바꿈시켰다. 먹색이나 청색으로 변형시키면서 정전의 분위기를 잘 살려낸 것이다. 이 바탕색 위에서 촛불이나 손전등이 비춰진 곳은 마치 조명을 받은 배우처럼 생생해지며 책의 입체감을 더하고 있다. 가족의 일원으로 등장한 검은고양이 역시 그림자놀이나 옥상 위 장면 등에서 어둠을 즐기는 역할을 톡톡히 해냈다.

이 책은 미국어린이도서관협회에서 그해에 가장 뛰어난 그림책 삽화가를 선정해 주는 칼데콧상의 우수상격인 칼데콧아너상 수상작(2012)이다.

김아영 1993년부터 2007년까지 부산일보 출판담당기자로 일했다. 지금은 자기발견과 회복 그리고 자기실현을 돕는 의식계발프로그램 아바타 마스터로 활동한다. 아이와의 관계회복에 특히 관심이 많다.

동요 부활을 꿈꾸는 자장가

엄마가 섬 그늘에 굴 따러 가면

이상교 글 | 김재홍 그림
봄봄 | 36쪽 | 2013

동요로 그림책을 만드는 작업들이 차근차근 이루어지고 있다. 대부분 노랫말을 그대로 텍스트로 사용하고 있는 구조이다. 그림책과 시는 여러모로 좋은 시너지 효과를 내고 있다. 노랫말들이 서사적인 면에서 조금 부족할 수 있으나 그림들이 그 부분을 충분히 보충해 주면서 이야기를 풍부하게 만들어 주어 결과물이 매우 알차게 된다. 동요를 많이 부르지 않는 요즘 아이들에게 동요 그림책은 동요 권장 운동의 대안이 되기도 한다.

왜 요즘 아이들은 동요를 부르지 않는 것일까? 아이돌 그룹들의 노래는 너무 멋지고 상대적으로 동요가 음악적으로 성분 미달이라서 그런가? 예전에도 아이들 곁에 유행가가 있었다. 라디오나 텔레비전을 통해 예전 어린이들도 유행가를 들으며 자랐고 따라 부르기도 하였다. 그래도 유행가와 달리 동요의 역할이 분명하게 있었다. 예전 어린이들은 줄넘기 놀이를 하려면 동요가 필요하였고 어깨동무를 하고 걸어가면서 동요를 불렀다. 놀이 문화가 사라지면서 동요도 함께 힘을 잃어 갔다.

교실에서는 풍금이나 피아노가 사라졌고 음악실이 있던 교실은 영어 청취실로 바뀌었다. 음악 시간에 어린이들은 대형 화면을 보며 악보가 나오는 동영상이 곁들여진 전자음악을 따라 부른다. 교실에서 배운 동요는 교실용이다. 여가 시간에 부르는 노래는 노래방에서나 부르는 어른들의 노래이고, 보통 때는 헤드폰이나 이어폰을 통해 듣는 음악도 역시 어린이를 위한 배려는 없는 음악들이다. 그러니 동요의 설 자리는 점점 없어지고 있다.

놀면서 함께 부르기에 알맞은 동요들이 이제는 그다지 필요 없는 세상이 되고 말았다. 아이들은 모여서 놀 시간이 없고 어렵사리 모이면 컴퓨터 게임을 하기 바쁘다. 어쩌면 동요는 이제 어른들의 향수성 문화인지도 모르겠다. 그래도 어른들은 어린이들이 동요를 불러 주기를 기대하고 있다. 억지로라도 동요를 부를 기회가 있으면 좋겠다고 생각한다. 아마도 그런 기대감 때문에 이런 동요 그림책이 더욱 반가운지도 모르겠다.

'섬집 아기'는 초등학교 교사였던 한인현 선생이 한국 전쟁 중에 지은 시로 알려져 있다. 부산 앞 작은 섬 오두막에서 홀로 잠든 아기를 보고 애틋한 마음이 들어 시를 썼고 그 시를 보고 원산 광명학교 음악교사였던 이흥렬이 곡을 붙인 노래이다.

동요이긴 하나 시대적 상황이 여러 여건이 부족했던 때였고 가사 내용이 흥겹고 명랑한 분위기가 아닌지라 노래의 분위기는 차분하고 침착하다. 조금 청승맞기까지 하다. 이런 구슬픈 동요가 왜 많은 이들에게 오랫동안 사랑을 받는 것일까. 의아하기도 하다. 힘차고 쾌활한 노래의 힘도 필요하지만 우리의 고단한 생활 속에서는 이런 구슬픈 노래의 위로와 어깨 기댐도 필요하리라.

'섬집 아기' 노래 속 아기는 엄마를 기다리다 잠이 든다. 아기를 혼자 재우고 일 나가야 하는 엄마의 심정은 얼마나 불안하고 미안하겠는가. 그런 아기를 파도 소리가 자장가를 불러서 재워 준다는 게 동요의 골격이다.

빈집에 아기를 혼자 둔다는 건 지금이나 예전이나 엄마로서는 참 못할 짓이다. 그런데 그래야만 했던 처지의 엄마는, 생계가 자신의 노동에 달린 상황을 빠져나갈 도리가 없는 것이다. 그렇다고 일터에 애를 데리고 나갈 상황도 아닌 것이다.

그렇게 비정하게 일을 나가야만 했던 엄마들, 그런 동요 속 엄마 이야기를 들으며 공감하는 또 다른 엄마들은 어릴 적 자신을 떠올리기도 한다. 엄마 없는 빈집에서 홀로 잠을 자야 했던 어린 시절 나를 생각하면 그 구슬픈 멜로디가 더욱 가슴을 파고든다.

'섬집 아기'는 김재홍 화백의 따스하고 부드러운 그림과 이상교 작가의 쫄깃한 글로, 그림책 『엄마가 섬 그늘에 굴 따러 가면』으로 탈바꿈하였다.

동요 '섬집 아기'가 태어난 배경을 설명해 주는 셈이다.

아직 날이 폭 풀리지 않아 이른 봄바람이 분다. 바닷바람에 동백꽃은 뚝뚝 떨어진다.

아빠는 먼바다로 고기잡이를 나갔다. 동이와 재미나게 놀아 주던 엄마는 바다

를 보다가 물때가 되었음을 알게 된다. 굴을 따서 살림에 보태야만 하는 상황이다. 엄마는 아직 어린 동이를 집에 홀로 놔두고 굴을 따러 바다로 가야만 한다.

동이는 집에 홀로 남아 엄마를 기다릴 수밖에 없다. 엄마를 따라가면 좋겠지만 그러면 일하는 엄마에게 방해만 될 뿐이다. 동이는 강아지랑 놀다가, 아기 고양이랑 조개껍질 동산을 만들며 놀다가, 소라 껍데기를 귀에 대고 놀다가 까무룩 잠이 든다. 자는 것이 덜 힘들게 기다리는 방법일지도 모르겠다. 따사로운 봄 햇살이 평상 위에 누운 동이를 보듬어 주고, 철썩 처얼썩 파도가 자장가를 불러 준다.

바다로 나간 엄마는 굴을 따느라 바쁘지만, 엄마 대신 바다가 동이를 돌보아 주는 것이다.

엄마는 일하면서도 내내 동이 걱정을 하다 굴 바구니를 채 못 채우고 일어선다. 급히 집으로 돌아온 엄마는 잠이 든 동이가 눈을 뜨는 걸 보게 되고 둘은 마주 보고 웃는다. 평상에 앉은 엄마는 동이를 안고 자장가를 부르며 바다를 내려다본다. 이제 둘이 아빠를 기다릴 차례가 된 것이다. 글은 글대로 그림은 그림대로 참으로 잔잔하고 평화롭고 아름답다. 노래처럼 처연하게 슬프지 않다. 오히려 따스하고 다정해 보여서 좋다. 아이는 기다림을 배우며 그렇게 또 자라는 것인지 모르겠다.

임정진 서울에서 태어나 잡지사 기자, 사보 편집자, 프리랜서 카피라이터, 방송국 어린이프로그램 구성작가 등을 거치며 꾸준히 어린이 책을 써 왔다. 지금은 서울디지털대학 문창학과와 분당한겨레문화센터에서 동화 쓰기 강의를 하며 동화작가로 활동한다. 2013년 『바우덕이』로 한국아동문학상을 받았다.

아이들이 마음껏 **보고** 듣고 **느끼고** **표현**할 **자유**를 허하라

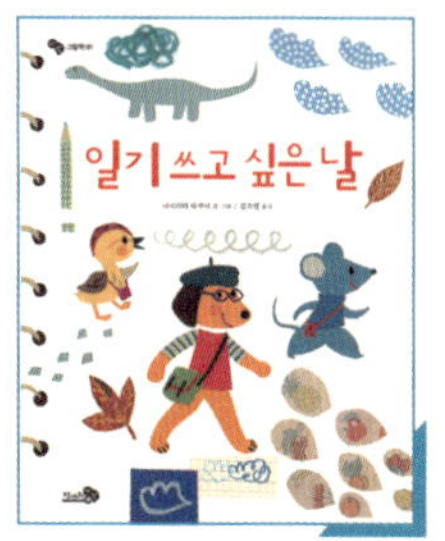

일기 쓰고 싶은 날

니시카타 타쿠시 글, 그림 | 김소연 옮김
천개의바람 | 36쪽 | 2011

초등학교 5학년 때였다. 여름방학이 일주일 정도밖에 남지 않았을 때 나는 심각한 갈등에 빠졌다. 방학숙제를 시작할 것인가? 말 것인가? 더 더욱 심각한 고민은 밀린 일기를 어떻게 할 것인가였다. 유난히 예뻐해 주셨던 선생님께 잘 보이고 싶긴 하지만, 40여 일 밀린 일기를 정말 다 쓸 수 있을 것인가?

어찌해서 그런 결정을 했는지 기억은 나지 않지만 나는 기특하게도(?) 밀린 일기 몰아쓰기를 감행했다. 모범생이었던 동생 일기장 속 매일매일의 날씨를 베껴 쓰기 시작해 동생이랑 투닥거린 일 등 크고 작은 행사와 사건 기억을 일일이 더듬는 것을 거쳐 좋아하던 노래와 가수에 대한 급작스런 창작에 이르기까지 억지였지만 상상력의 날개(?)를 펼 수밖에 없었다.

그런데 개학 후 기대치도 않았던 일이 벌어졌다. 일기장을 돌려주시던 선생님께서 "방학 때 뭘 했니? 일기 쓰기 실력이 크게 늘었다."고 칭찬을 해 주셨고 급기야 가을 교내 반공글짓기대회에선 태어나 처음으로 작문상을 받기에 이르렀다.

그때부터였지 싶다. 글쓰기를 겁내지 않게 된 것은. 그 이후엔 남미로 이민 가신 이모네 가족에게 편지도 곧잘 썼고 뭔가 쓰면 '잘 쓴다'는 이야기도 종종 듣게 됐다.

40여 편을 몰아서 썼던 그 일기가 상상력을 자극한 동력은 물론 글쓰기의 첫 훈련이 됐고 더욱 중요한 건 자신감의 밑천이 된 셈이다.

그래서일 거다. 너나 할 것 없이 유년시절 일기 쓰기 습관을 강조하고 꾸준한 훈련을 권하는 것은. 특히나 논술이 주요 비중을 차지하는 지금의 한국 입시는 다양한 글쓰기의 기본이라 할 만한 일기 쓰기의 중요성을 더욱 부각하고 있다.

그런데 중요성이 너무 크게 부여된 탓일까? 이 과정이 더 이상 쉽지도 즐겁지도 않다. 매일 뭔가 대단한 사건이 일어나는 것도 아니고 생각이 자라는 것이 눈에 띄게 보이는 것도 아니니 쓸거리를 만들어 내려면 엄마나 아이 모두가 골치가 아프다. 게다가 '잘 써야 한다'는 부담감까지 얹어졌으니 그야말로 고통 수준.

일본 작가 니시카타 타쿠시가 그리고 쓴 『일기 쓰고 싶은 날』은 이런 엄마와 아이들에게 발상의 전환을 가져다주며 숨통을 틔워 주는 일기 쓰기 지침서다.

책은 일기 쓰기에 대한 걱정이나 욕심은 그냥 내려놓고 아이에게 무엇이라도 눈과 귀와 마음을 열고, 보고, 듣고, 느끼게 하라고 일러 준다. 그리고 그걸 마음껏 표현해 볼 수 있는 다양한 방식을 친절하고도 재미있게 제시하고 있다.

출발점에는 나들이가 있다. 일단 기분 좋게 보고 듣고 느낄 수 있도록. 그리고 그 경험을 바탕으로 '자신만의' 나들이 일기책을 즐겁고 신나게 채워 가란다.

등장인물은 나들이 일기책 만들기를 즐기는 또박이 삼촌과 별이, 달이다. 셋은 함께 박물관 나들이에 나선다. 가는 길에서 예쁜 나뭇잎도 찾고 입구에선 커다란 고래도 본다. 박물관 안에서 본 공룡 화석은 정말 신기하다. 또박이 삼촌은 수첩에 기념 스탬프를 찍었다.

집으로 돌아와서도 들떠 있는 별이와 달이에게 또박이 삼촌은 말한다. "그렇게 즐거운 일, 신기한 일이 있을 때는 나들이 일기를 써야지!"

삼촌은 나뭇잎들과 기념 스탬프, 박물관 입장권을 붙이고 공룡 화석과 신기해하는 별이와 달이 등을 그려 나들이 일기책 박물관 쪽을 만든다.

그것을 별이와 달이에게 보여 주며 말한다. "우리 함께 나들이 일기책을 만들어 보자."

필요한 것은 새하얀 공책과 풀, 셀로판테이프, 가위, 색연필, 크레파스 그리고 또 하나 중요한 것 바로 나들이! 그렇다고 멀리로 특별한 나들이를 떠나야 하는 것도, 또 갔다고 뭔가 대단한 걸 찾아내야 하는 것도 아니다. 지금 당장 동네 산책에 나서도 좋다. 날마다 지나는 골목길이라도 눈과 귀와 마음을 열고 바라보면 재미난 걸 찾아낼 수 있다.

길을 나서니 새삼스레 신기한 것이 많다. 비행기 구름은 기차만큼이나 길고, 늘어지게 하품을 하는 고양이의 입은 크기만 하다. "바람에 펄럭이는 빨래들은 마치 춤을 추는 거 같네.", "우아, 까마귀가 떨어뜨린 깃털도 있다."

자! 이제 돌아왔으니 나들이 일기책을 만들 차례다.

여기서 꼭 새겨들어야 할 말이 있다. "잘 만들지 못해도 괜찮아 나만의 일기책이니까 마음껏 해 보는 거야." 글을 많이 쓰지 않아도 되고 그림을 못 그려도 괜찮다.

공원에서 주운 나뭇잎은 풀을 발라 붙이고 내가 먹었던 아이스크림 포장지나 극장 입장권은 셀로판테이프로 붙이면 된다. 기념 스탬프는 찍고 붙일 수 없는 나뭇잎은 책에 끼워 놓기만 해도 좋다. 붙일 수 없는 것들은 그림으로 남길 수도 있다. 색연필이나 크레파스로 그려도 좋지만 신문을 뜯거나 과자 포장지를 오려서 붙이고 털실로 표현할 수도 있다.

이쯤 되면 일기는 쓰기를 넘어 오리고 붙이는 다차원 창작 훈련으로 확장되는 셈이다.

그런데 비가 와서 밖에 못 나가는 날은 어쩌지? 별이의 걱정에 또박이 삼촌은 답한다. "쓰고 싶을 때 쓰면 돼. 마음대로 쓸 수 있으니까 재미있는 거야." 해 나가는 속도 역시 각자가 스스로 조절하라는 조언은 부모에게도 유효하다.

이 책은 이렇듯 '나만의 시선으로 발견해 나만의 방식으로 표현한 나만의 이야기'를 차곡차곡 쌓아 가다 보면 생각주머니가 꾸준히 커지고 깊어지면서 자연스럽게 자신만의 길을 만들어 가게 된다는 걸 말해 준다. 그리고 오랜 시간이 지난 뒤 손때 묻은 그 일기책을 넘겨보면 뿌듯함에 잠길 수 있으리라는 것도.

김아영 1993년부터 2007년까지 부산일보 출판담당기자로 일했다. 지금은 자기발견과 회복 그리고 자기실현을 돕는 의식계발프로그램 아바타 마스터로 활동한다. 아이와의 관계회복에 특히 관심이 많다.

절박함을 견디게 하는 힘,
바로 희망

집으로 가는 길

하이로 부이트라고 글 | 라파엘 요크텡 그림 | 김정하 옮김
노란상상 | 32쪽 | 2013

　이 책을 제대로 이해하려면 1958년부터 지금까지 이어져 오고 있는 콜롬비아 내전에 대해 알아야 한다. 남미 대부분의 국가가 그렇듯 책의 배경이 되는 콜롬비아 역시 뿌리 깊은 빈부 차이와 마약 등 여러 가지 사회 문제로 가진 것 없는 사람들이 불평등하게 탄압받고 있다. 특히 가난한 농민들은 미국이 관련된 대토지 소유자들과 이들과 힘을 합친 군부정권의 탄압에 맞서 싸우느라 어린 병사들에게 총, 칼을 들게 하면서 지금껏 100만 명의 희생자를 내고 있다.

　모든 전쟁과 가난이 그렇듯 여기서 최대의 희생자는 어린이들이다. 한참 뛰어놀아야 할 어린이들은 불안한 사회 현실 속에서 놀이터와 가족을 잃고 그 나이에 해내기 힘든 벅찬 몫을 부여받고 살아가고 있다. 지은이는 스페인에서 태어났지만 콜롬비아에서 활동하는 어린이 책 작가답게 콜롬비아의 이러한 현실을 배경으로 이 책을 썼고 거기에 다소 둔탁하고 간략한 느낌의 그림으로 폐허 속 어린이를 비롯한 사람들의 힘든 표정을 잘 표현했다.

우울한 이야기지만 자라나는 어린이들은 함께 살아가는 지구 반대편에서 이렇게 살아가는 친구들도 있음을 알아야 하고, 어렵게 살아가는 그 친구들을 위해 내가 할 수 있는 노력을 기울일 줄 알아야 한다. 혀끝으로가 아닌 행동으로 보여 주는 그 노력들이 모아져 세상은 서서히 바뀔 것이 틀림없고 세상 모든 어린이들이 마음껏 꿈을 품고 실현할 환경도 만들어질 것이니.

회색의 다소 어두운 빛깔의 거리를 오가는 사람들의 표정이 매우 불안하다. 폐허가 된 거리를 지나는 사람들은 하나같이 삼삼오오 짝을 지어 바삐 걷고 학교 끝난 아이를 기다리며 한 방향을 바라보고 서 있는 부모들 역시 조급한 표정들이다. 엄마 품에서, 아빠 손을 잡고 모두 함께 걷고 있는 거리에서 홀로 오도카니 서 있던 소녀가 묵묵히 옆에 서 있는 커다란 사자에게 조심스레 묻는다.

"함께 가 줄래?"

마루에서 바라다보이는 곳 어디쯤이 소녀의 집인 걸까. 너무 먼 그곳까지 혼자 걷기가 무서웠나 보다. 다들 엄마나 아빠와 함께인데, 부러움을 표시할 기력조차 없어 보이는 소녀는 옆에 선 사자에게 겁 없이 말을 건넸다. 꽃까지 건네면서. 그리고 다음 쪽 의기양양 걷고 있는 소녀 뒤를 사자가 어슬렁 따른다. 엄마 품의 아이도, 아빠 손을 잡고 걷고 있던 아이도, 차 속의 사람들도 다들 깜짝 놀라 쳐다보고 있는데 소녀 혼자 태평하다. 혼자 가야 할 멀고 먼 집까지 든든하게 바래다주는 사자 덕에 소녀는 두 팔을 벌려 하품까지 하고 있다.

'웬 하품?'

    책의 말미쯤 이 부분에서의 물음이
매우 미안해진다. 하루 종일 함께하지
못하는 엄마를 대신해 소녀는 해야 할
일이 많았던 것이고 와중에 듬직
한 사자가 자신을 따라 주자 갑자
기 긴장이 풀려 피곤이 몰려 왔을
수도 있다. 다들 놀라는 표정의 사람들 틈에서

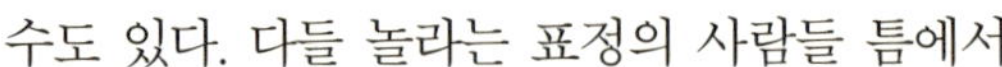

기지개를 켜며 하품을 하고 있는 소녀의 모습은 사자를 보고 화들짝
놀라는 거리 사람들의 모습과 비슷하게 그려져 사람들 속에서 줄무늬
치마를 입은 소녀를 찾아보는 재미도 느껴볼 수 있겠다.

    하품을 거둔 소녀가 향한 곳은 동생이 있는 어린이 집. 돌봄 선생님
의 치맛자락을 줄줄이 잡고 나오는 어린이들 틈에서 동생을 찾아 함
께 걷는 행렬은 이제 셋이 됐다. 집에 도착한 소녀는 배고픈 사자와 동
생을 위해 저녁을 준비하는데 포크도 없이 물컵과 접시 하나씩의 저
녁 식탁은 소박하기 그지없고 조리대 위 벽돌 두 개를 받쳐 놓고 익숙
한 모습으로 올라선 소녀 옆 비스듬하게 서 있는 LPG 가스통이 위험천
만하다. 밥은 다 먹었고 식탁도 치워졌는데 기다려도 오지 않던 엄마가
나중에야 지친 모습으로 나타난다. 그제야 소녀는 사자에게 매정스럽
게 한마디 한다.

    "가고 싶으면 가도 돼."

    마치 식구에게나 하는 말투인 양 하루 종일 함께해 준 사자를 위한
배려는 하나도 없지만 그 안에 사자를 향한 깊은 믿음이 들어 있다.

    "내일도 다시 올 거지?"

    대답 않는 사자는 첫 모습 그대로 묵묵히 나가 버리지만 그 사자가
내일 다시 찾아올 것이라는 걸 책을 읽는 사람도 소녀도 알고 있다. 가

난한 소녀 집에서 끝까지 볼 수 없었던 아빠의 모습이 맨 마지막 장에 나온다. 어느 여름날 푸른 바다를 배경으로 오붓하게 서 있는 온 가족을 든든한 두 팔로 믿음직스럽게 휘감은 채 웃고 있는 아빠. 소녀의 침대 옆에 놓여 있던 숱 많은 곱슬머리 아빠의 사진은 하루 종일 함께해 준 사자와 꼭 닮아 있다. 사진 옆에 놓인 노란 꽃 한 송이가 사자와 소녀, 아빠와의 미묘한 연관 관계를 생각해 보게 한다.

산다는 것은 그저 이렇게 순전히 사는 것이지 꼭 무엇을 위해 사는 것이 아닐 수도 있다는 생각을 했다. 여유 없이 팍팍하게 살아야 하는 이들의 삶을 신이든 지금은 없는 아빠든 말 없는 사자든 누군가는 꼭 지켜 줄 것이니 끝까지 살아낼 수 있을 것이다.

첫 장 속표지에 그려진 아이 발자국 옆 사자의 발자국이 어느새 아빠의 커다란 발자국으로 바뀌어 있는 것도 내 확신을 더하게 만든다.

어른 때문에 태어난 아이들이 꿈을 갖고 밝게 자라나기 위해서는 꿈 꿀 수 있는 환경이 마련되어야 한다. 지금껏 이루어지지 않은 내 꿈이 여태 아름다운 것은 희망의 노란 꽃을 받아 줬던 건장한 사자가 있었기 때문이다. 아이의 희망이 이루어질 수 있도록 노력해야 하는 것은 어른 몫이다. 그 부름에 귀 기울이고 있다가 소리가 나면 언제고 달려가 주는 어른이 여기저기 많아졌으면 좋겠다.

"내가 부르면 언제라도 와 줘, 꼭!"

남정미 염리초등학교 사서, 초등학교 때부터 담당선생님이 정해져 있지 않은 학교도서실을 지키며 책에 대한 재미를 알아 갔다. '우리의 마음속에는 모든 것을 더 잘 해내는 누군가 들어 있다는 사실을 알아야 한다.' 그때 마음에 박힌 싱클레어의 한마디로 힘을 내 살고 있다.

채소가 최고야

이시즈 치히로 글 | 야마무라 코지 그림 | 엄혜숙 옮김
천개의바람 | 32쪽 | 2011

책 제목은 '채소가 최고야'지만 채소를 싫어하는 아이들에게 채소는 이래서 좋고 저래서 좋으니 꼭 먹어야 한다는 말은 한마디도 나오지 않는다. 대신 자연스럽게 채소와 친해질 수 있도록 채소들의 달리기 대회 이야기를 담았다.

우리가 식탁에서 흔히 볼 수 있는 채소들이 모양 그대로 사실적으로 그려진 정사각형 표지를 넘기면, 초록빛 바탕의 면지가 나오는데 완두콩, 상추, 피망, 애호박 등 갖가지 채소 이름들이 나란히 박혀 있어 마치 채소들의 달리기 대회를 예고하는 듯하다.

첫 장면에서 출발선에 선 채소들의 표정은 제각각이다. 잔뜩 긴장한 단호박, 두리번거리는

토마토, 기운을 자랑하는 마늘
등 우리 아이들처럼 다양한 표정
의 채소들이 재미있다. 달리기가 시작
되면, 달리는 채소들이나 응원하는
채소들이나 페이지마다 변화하
는 표정들이 생동감 있게 다가
온다. 이 책에 그림을 그린 야마무
라 코지는 세계적으로 이름난 애니메이션 감
독으로 특별한 도구를 쓰지 않고도 채소가 갖고 있는 색과 모
양을 살린 그림에 눈과 입만 그려 넣어 다양한 표정을 표현해 냈다.

　장면 구석구석 볼거리가 많은 것이 이 책의 장점 중 하나이다. 초반
에 선두로 달리다가 뒤로 쳐져 풀이 죽은 순무의 표정, 형님 토마토
의 물까지 챙겨 들고 따라가는 동생 토마토, 결승선에 다 와서는 박수
소리에 신 나 1등을 놓친 배추까지 각각의 채소마다 이야기가 숨겨져
있다. 동그란 눈에 운동화를 신은 채소들은 표정 하나하나, 행동 하나
하나가 우리 아이들 같아서, 책을 읽다 보면 어느 순간 친구가 되어 함
께 응원하게 된다.

　달리기 대회의 절정은 자전거를 탄 오이가 멈추지 못하고 단호박과
부딪혀 단호박이 물에 빠지는 순간이다. 채소들은 다투지 않고, 강가에
서 낚시하던 고구마까지 서로 도와 단호박을 무사히 물에서 구해 낸다.
누가 이기고 지느냐를 따지기 전에 서로 도우면서 달리기 대회를 즐기
는 모습은 요즘처럼 조기 교육과 과도한 경쟁을 강조하는 교육 현장에
서는 보기 힘든 광경이다. 꼭 최고가 되고 1등을 해야 하는 것이 아니
라, 최선을 다해 뛰고 서로를 돕는 것이 중요하다는 것을 보여 주려는
작가의 의도가 읽히는 대목이기도 하다.

이 책의 글은 '나란히 나란히 누에콩, 파릇파릇 파슬리'처럼 운율을 살린 말놀이로 이루어져 있다. 흥겹게 노래하듯 읽어 나가다 보면 채소 이름이 귀에 쏙쏙 들어온다. 아이들과 함께 책 장면 장면마다 등장하는 채소들의 이름을 모두 찾아보는 것은 어떨까? 찾는 사람마다 다르겠지만 40가지 이상의 채소가 등장해서, 아이들과 함께 숨은그림찾기를 즐길 수 있다.

이 책의 마지막 장면은 아이들과 함께 많은 이야기를 할 수 있는 장면이다. 처음부터 끝까지 힘껏 달려 1등을 차지한 고추, 웃는 표정으로 1등을 바라보는 2등 옥수수, 마지막에 방심해서 3등이 된 시무룩한 표정의 배추. 그 밑에 "그래, 그래. 메달은 다 좋은 거야!"라는 문장은 힘껏 달린 아이들에게 위로와 격려를 준다. 숨겨진 재미를 하나 더 소개하자면, 앞뒤 표지의 채소들은 모두 정면을 보고 있는데 뒤표지의 오이 하나만 뒷모습이다. 뒷머리를 긁적거리는 오이의 뒷모습에서 미안함이 느껴지는 건 나뿐일까?

채소를 먹기 싫어하는 아이들에게 채소를 먹으라고 강요하지도 않고, 채소들의 살아 움직이는 듯한 표정과 우여곡절 달리기 이야기로 볼거리가 많아 재미를 주는 책『채소가 최고야』는 채소를 싫어하는 아이들에게 거부감 없이 다가갈 수 있는 책이다. 아이들처럼 커다랗고 동글동글한 눈의 채소들이 달리는 모습을 보다 보면 자기도 모르는 사이에 먹기 싫은 채소와 친구가 될 수 있을 것 같다. 식탁에 반찬으로 올라온 채소나, 시장에서 만나는 채소를 보면서 아이가 반가워하길 바란다면『채소가 최고야』를 아이와 함께 읽어 보길 추천한다.

최영희　서울교육대학을 졸업해 28년간 서울에서 초등학교 교사 생활을 해 오고 있다. 독서 교육과 그림책에 많은 관심을 갖고 어린이 책을 열심히 보고 있다.

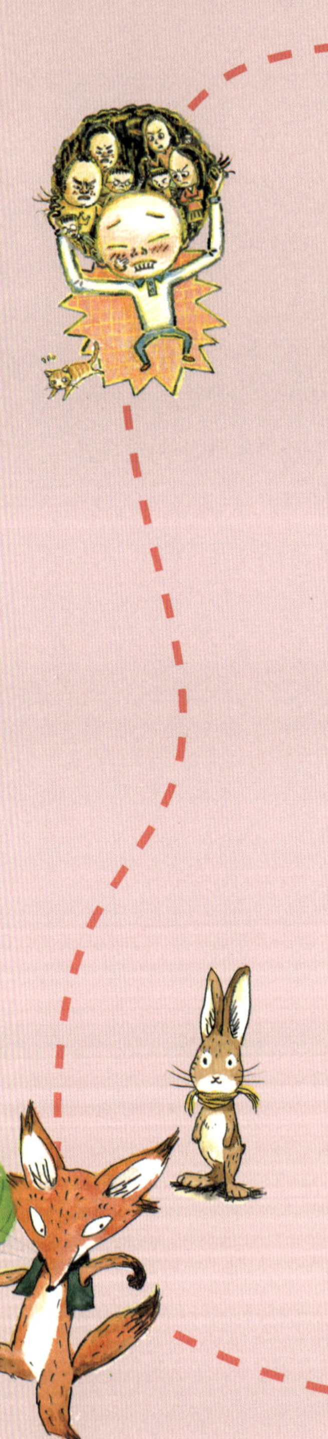

2부 ▶ 1·2학년

코끼리 선생님과
아이들

2학년 6반 고길희 선생님

강민경 글 | 서현 그림
현암사 | 96쪽 | 2012

    아이들에게 '선생님'이라고 말하면 한참 고개를 갸우뚱거릴 것이다. 담임 선생님, 학원 선생님, 학습지 선생님, 특기적성 선생님, 돌봄 선생님, 상담 선생님……. 아마 적어도 대여섯 명은 넘을 것이기 때문이다.

    그중 학교 선생님은 아이들과 가장 많은 시간을 보낸다. 그래서 담임 선생님이 재미있고, 마음이 따스하다면 그 아이는 참으로 복 받은 아이이다.

    여기 바로 복 받은 아이들이 있다. '2학년 6반 고길희 선생님' 반 아이들이다.

    고길희 선생님은 잔소리를 하지 않는다. 나무라지도 않는다. 늘 웃고 숙제도 내 주지 않는다. 아이들에겐 최고의 선생님인 것이다. 그런 선생님에게 일급비밀이 있다. 바로 꼬리가 있다는 것이다. 선생님은 덩치가 우람하고 꼬리 달린 코끼리 선생님이다. 얼마나 재미있는가? 표지 그림에 코끼리 선생님 코에 둘러싸여 웃는 아이들 모습이 행복해 보인다.

고길희, 고길희…… 빨리 발음하면 코끼리 비슷한 소리가 난다. 재미있는 말놀이로 동화 한 편을 건져 낸 작가가 놀랍다.

동물과 곤충에 관심이 많은 저학년 아이들에게 코끼리 선생님과의 생활은 동물원 탐방만큼 신나고 재미있다. 교실에서 와글거리는 아이들 캐릭터를 만화 같은 그림으로 보여 주는 점도 흥미를 끈다.

우리나라에서 코끼리는 동물원에나 가야 만날 수 있는 귀한 동물이다.

여우나 늑대, 호랑이는 옛날 옛날로 시작하는 옛이야기에 자주 등장하지만 코끼리는 그렇지 않다. 조선 실학자 박지원 선생님은 청나라 건륭 황제 생일에 초대되어 현재 중국 북경과 승덕(열하)에 간 적이 있다. 그는 열하로 가는 길에 난생 처음 코끼리를 만난다. 그가 돌아와서 쓴 '열하일기'에는 처음 만난 코끼리 모습을 매우 놀랍게 표현해 조선 사람들의 상상력을 자극했다.

"몸뚱이는 소인데, 꼬리는 나귀 같고, 낙타 무릎에 범의 발굽을 하고 있다."

이런 신비로운 동물이 교실에서 함께 지내는 선생님이라니 참 재미있고, 놀랍다! 코끼리 선생님처럼 특이한 선생님이 등장하는 이야기가 있다. 바로 김기정의 『금두껍의 첫 수업』이다. 이 이야기에서는 두꺼비가 친구들을 모아 학교 선생님들이 출근하지 못하게 하고 자신이 학교로 가서 선생님이 된다. 금두껍 선생님은 학교를 놀이판으로 만들어 아이들을 즐겁게 해 준다.

권위와 명령으로 가득한 교실에 기존의 선생님 이미지를 흔들어 버리는 선생님의 등장 하나만으로도 아이들은 흥분한다. 또한 고길희 선생님의 아이들을 먼저 생각하는 학급 운영 방식도 멋지다. 그러나 어른들은 고정 관념에 사로잡혀 있다. 주인공 나는 엄마, 할머니, 아빠에게 코끼리 선생님과의 학교생활 이야기를 들려준다. 그러나 어른들은 흘려듣고 만다.

원재는 작품 초기부터 등장하여 이야기를 끌고 나가는 인물이다.

고길희 선생님의 코가 나무처럼 죽죽 자라고 주먹만 하던 귀가 커져 부채처럼 팔락거린다든지 하는, 작품에 살짝 나타나는 판타지 요소는 궁금증을 더해 주며 이야기에 재미를 준다.

고길희 선생님은 아이들에게 대놓고 철학 이야기를 한다.

"보이는 것이 다가 아니란다. 보이지 않는 것에 더 소중한 진짜 세상이 있지."

마음으로 보는 것, 고길희 선생님 반 아이들이 참 잘하는 것들이다. 그러기에 이런 선생님의 이야기가 오히려 교훈적 느낌이 든다. 사실 굳이 말하지 않아도 아이들은 눈에 보이지 않는 것을 믿고 상상하지 않나? 작가가 너무 욕심을 낸 게 아닌가 하는 생각이 든다.

인기 만점 고길희 선생님 반대편에 무척이나 보수적이고 짠돌이이며, 책임 회피 잘하고 눈앞의 이익만 생각하는, 수업 중인 2학년 6반 교실을 마음대로 드나들며 수업방식을 간섭하는 악당이 있다. 백호 교감 선생님이다.

사실 현실에서 이런 교감은 퇴출 일 순위이다. 작가가 이야기를 끌고 가기 위해 억지로 설정한 인물이라는 느낌이 살짝 든다.

수업 중인 교실은 대통령도 마음대로 드나들 수 없는 신성한 장소이다. 하지만 악당 백호 교감

선생님이 있기에 고
길희 선생님의 열성을 다하는 학급 운영이 더욱
돋보인다.

2학년 6반이 동물원으로 소풍을 간다. 요
즘은 소풍이라는 말보다는 현장체험학습으로
부르고 있다. 원재는 소풍 장소에서 도둑으로 몰리는데 고길희 선생님
은 끝까지 원재의 결백을 주장했다. 그러나 백호 교감과 학부모들은 원
재를 믿지 않고 고길희 선생님마저 내쫓으려고 한다. 이때 고길희 선생
님이 말한다.

"저는 안 믿으셔도 됩니다. 제발 우리 아이들은 믿어 주십시오."

고길희 선생님, 용감하고 멋지다! 2학년 6반 아이들이 선생님을 지키
기 위해 단체로 행동하는 건 당연하다. 선생님과 반 아이들의 하나 된
마음! 작가가 바라는 꿈이 아니었을까?

그때 교무실로 뛰어온 원재와 코끼리 사육사는 동물원 코끼리의 콧
속에서 찾아온 천 원을 내밀었다. 원재도 고길희 선생님도 억울함에서
벗어날 수 있게 되었다.

이 책은 고길희 선생님과 백호 교감 선생님을 큰 축으로 하여 권선징
악적 요소를 살린 동화이다. 뻔한듯 하면서도 긴장감이 주는 재미가 살
아 있는 책이다. 결국 악당 교감 선생님이 물러나고 고길희 선생님을
닮은 '함아랑' 선생님의 등장으로 이야기는 끝난다. 이제 새 선생님과
생활할 2학년 6반 아이들, 그 아이들의 와글와글한 이야기가 궁금하다.

권이순 MBC 창작동화 어린이 동산, 교원 문학상 등을 받고 동화 쓰기 공부를 하고 있으며 현재
경기도 양평에 있는 시골 초등학교에서 아이들을 가르치고 있다.

놀면서 싸우면서 웃으면서
자라는 우리 아이들

6월 1일 절교의 날

김리리 글 | 조승연 그림
다림 | 88쪽 | 2013

아이들은 놀면서, 싸우면서, 웃으면서 자란다. 그러나 우리 창작 동화에서 만나기 어려운 것 중 하나는 바로 웃음이다. 많은 동화들이 아직도 엄숙함의 깊은 숲에 갇혀 있는 듯하다. 김리리의 『6월 1일 절교의 날』은 우리 아이들의 건강한 웃음을 보여 주는 작품이다. 가식적이지 않고 자연의 일부처럼 느껴지는 아이들, 우리 동네 어디서나 볼 수 있는 민낯의 아이들이 들려주는 이야기가 바로 『6월 1일 절교의 날』이다.

이야기는 단순하다. 2학년 고재미네 반 남자 두목 마주왕이 6월 1일, 고자질쟁이 여자아이들과의 절교를 선포하는 것으로 이야기가 시작된다. 여자아이들과 말도 하지 말고 놀지도 말라는 것이 마주왕의 명령 아닌 명령이다. 마주왕은 싸움 대장인 5학년 형을 믿고 재미네 반 남자아이들을 장악하는 아이다. 소심한 주인공 재미는 물론 모든 남자아이들이 마주왕의 명령에 따를 수밖에 없다. 이러한 설정이 어색하고 부자연스러울 법하지만 작가는 조금도 어색하지 않게 이야기를 끌고 간다.

“재미야, 여자아이들하고 사이좋게 지내라. 그래야 엄마한테 오랫동안 피아노를 배우지. 네가 먼저 친절하게 말도 걸고, 같이 놀자고 해. 알았지?”

집에서 피아노 교습을 하는 엄마의 말 때문에 재미는 재미없지만 여자 친구들과 잘 놀아 주었다. 엄마 사업에 한몫 단단히 기여하는 착한 아들인 셈이다. 그 여자 친구 중에 재미가 속으로 좋아하는 여자 두목 이소은도 끼어 있다.

마주왕의 명령으로 고재미는 한숨을 쉴 수밖에 없다. 엄마 말을 거역할 수도 없고, 남자 두목의 명령을 안 들을 수도 없는 것이다.

재미는 한숨을 푹푹 쉬지만 천방지축 재강이는 마주왕을 신경 쓰지 않는 자유인이다. 재강이의 자유분방에 휩쓸려 재미는 여자아이들과 얼음땡 놀이를 하고 만다. 신 나게 노는 동안 남자 두목의 절교 선포 같은 건 까맣게 잊을 수 있었다.

여자아이들과 재미있게 놀았지만 남자 두목의 감시망을 피할 수는 없었다. 화가 난 마주왕은 곧바로 재미와 재강이를 배신자로 몰아세우고 자신의 형을 들먹이며 겁을 준다. 그러나 재강이가 얼결에 자신도 6학년 형이 있다는 거짓말을 내뱉으면서 분위기는 순식간에 반전된다.

“와 재미있겠다. 그럼 재강이네 형이랑, 마주왕네 형이랑 한번 대결해 보는 건 어때? 이기는 사람 동생이 우리 반 남자 두목이 되는 거야. 어때 괜찮은 생각이지?”

여자 두목 소은이가 끼어들면서 이야기는 새로운 국면을 맞는다.

“하지만 6학년이 5학년 하고 싸우는 건 불공평해.”

“흥, 그럼 형이 싸움을 잘한다고 네가 우리 반 남자 두목 노릇을 하는 건 공평하냐?"

"나랑 재강이가 싸우는데 네가 왜 끼어들어 난리야?"

"너 왜 자꾸 나한테 말 걸고 그래? 앞으로 여자랑은 절대로 말 안 한다며? 얘들아, 마주왕이 말하는 거 봤지?"

소은이는 많은 여자 친구들의 호응을 받으며 마주왕을 몰아세우고 남자아이들은 절교 선포도 잊고 마주왕의 편을 들어 여자아이들과 말싸움을 벌인다. 이제 절교 선포는 멀리 사라져 버린 것이다.

남자아이들과 여자아이들의 편싸움으로 선생님은 수업을 진행할 수 없다.

"너희들 혹시 또 절교할 생각 없니?" 선생님이 한숨을 쉬며 물었을 때 아이들은 남자고 여자고 "싫어요!" 하고 외친다. 남자아이들도 한마음이 되어 마주왕이 내린 명령을 자연스럽게 어긴 것이다. 이렇게 아이들은 자신들의 문제를 자신들이 풀어 나간다. 바로 아이들이 가진 힘이다. 아이들이 스스로 치유해 가는 아름다운 모습을 확인하게 해 주는 장면이다.

마주왕은 분한 마음에 자기네 형과 재강이네 형의 결투를 신청한다.

"…… 우리 형이 너네 형 좀 보재. 오늘 수업 끝나고 운동장으로 나와. 참 고재미 너도 같이 나와."

겁을 잔뜩 먹은 재미는 재강이네 형이 싸움을 잘하는지 물어보지만, 재강이는 친형이 아니라 잘 모르는 먼 친척 형이라고 뒤늦게 고백한다.

재미와 재강이는 고민 끝에 친척 형을 만나러 6학년 교실로 찾아가 보지만, 친척 형은 기대와 달리 엄청난 약골인 데다 그들의 부탁을 바로 거절한다.

마침내 결투의 날, 재미와 재강이는

운동장에서 마주왕의 형 앞에 서게 된다.

김리리의 웃음 지뢰는 요즘 아이들의 생생한 생존 전략과, 아이들 눈높이에 맞는 반전들이다. 어색하지 않은 자연스런 반전들이 웃음을 불러오며 이야기에 빠져들게 한다. 아이들다운 말과 행동들이 생동감 넘치는 인물을 만들면서 읽는 재미를 더해 준다. 이 작품은 어른들이 억지로 안겨 주는 빤한 교훈성에서 벗어나 있으면서도 다 읽고 나면 아이들이 어떻게 살아야 하는지 짚어 보게 한다. 누구를 닮으라는 잔소리 같은 이야기가 아니라 놀고 싸우고 다시 화해하며 웃는 아이들 속으로 독자들을 빠져들게 한 다음 아이들 스스로 깨우쳐야 하는 게 뭔지를 건져 올리게 하는 작품이다. 바로 김리리 동화의 참맛이다.

친척 형마저도 못 데리고 나온 재강이와 재미. 과연 두 아이는 마주왕네 형에게 어떤 폭력을 당하게 될까. 마주왕네 형은 6학년 형과 싸울 것을 염두에 두고 다른 친구들까지 데리고 나온다. 겁이 난 재미와 재강이는 서 있기도 힘들 정도로 다리가 후들후들 떨린다. 형이 있다고 속인 것까지 혼날 판이다. 그러나 작가는 재미와 재강이가 매 맞도록 놔두지 않는다. 울음이 아니라 두 아이에게 한바탕 웃음을 선물한다. 웃음만 터뜨리게 한 게 아니다. 두 아이는 "우리는 형이 없어서 정말 다행이다." 하며 기뻐한다. 도대체 무슨 일이 벌어진 것일까.

5권의 '이슬비 이야기' 시리즈를 성공적으로 끝낸 작가가 남자아이가 주인공인 '고재미 이야기' 시리즈로 다시 어린 독자들을 찾아간다. 이 작품을 읽은 독자라면 다음 작품이 기다려지기도 하려니와 이미 나온 '이슬비 시리즈'도 찾아 읽고 싶을 것이다.

송재찬 오랫동안 초등학교에서 아이들을 가르쳤다. 초등학교 교사와 동화 쓰기 두 가지 모두 아이들을 만난다는 점에서 즐거운 일이다.

우리는 나무를
기억하지요

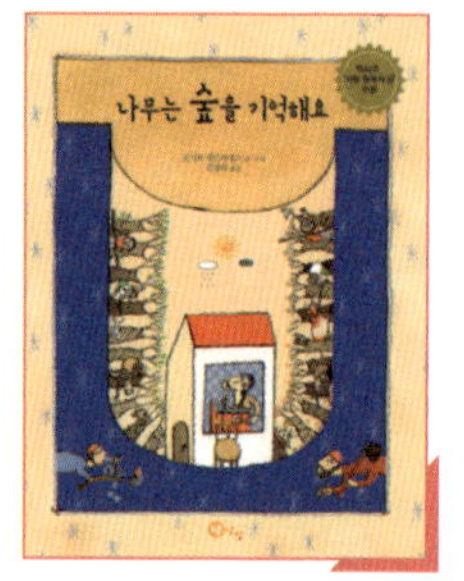

나무는 숲을 기억해요

로시오 마르티네스 글, 그림 | 김정하 옮김
노란상상 | 32쪽 | 2007

이야기를 따라가다 보면 헤아릴 수 없을 만큼 깊고 넓은 숲의 시간을 떠올리게 된다. 자신의 자리에서 주어진 삶을 열심히 살아가는 사람 사이에 서 있게 되기도 한다. 사람과 동물의 표정만이 아니라 나뭇가지와 나뭇잎의 감정이 살아 있어 그림이 움직이고 있다는 생각이 든다. 『나무는 숲을 기억해요』는 나무와 사람이 얽혀 살아온 수많은 장면들을 한 권의 책 안에 담고 있는 '움직이는 그림책'이다.

나무꾼이 심은 나무

나무꾼은 나무를 베는 사람이다. 숲을 사랑하고 숲에서 살아간다. 나무꾼 아버지의 아버지도 나무꾼이었고 자신의 아들의 아들들이 진정한 나무꾼이기를 바랐다. 아버지는 아들에게 '사람만이 숲을 사라지게' 하지만 '사람이 숲을 살릴 수'도 있다고 이야기한다. 나무에 대한 이야기와 나무와 사람이 교감하는 이야기는 무수히 많지만 공기나 물과도 같이 우리는 자주, 아니 한참씩 나무를 잊곤 한다. 일상이 힘겹고 병들면 나무를 떠올리고 나무를 찾아간다. 사람들이 나무를 잊고 있는 시간이 길어질수록 나무를 만나기 위해 더 멀리 찾아가야 한다. 잊는 것은 사라지는 것이니까.

나무꾼은 아버지와 할아버지가 그랬던 것처럼 씨앗을 심어 한 그루의 나무가 되도록 정성껏 가꾸었다. 나무는 키가 커지고 둘레가 넓어지는 그만큼 그늘을 마련해 주었고, 나무꾼이 얼마나 나무그늘을 좋아했는지는 표정과 몸짓이 말해 주고 있다. 나무를 베는 나무꾼이 씨앗을 심고 많은 시간을 함께 보내며 각별한 마음을 느끼는 일을 대를 이어 전해 왔다는 것을 주목할 필요가 있다. 그렇게 키운 나무를 잘라 소박한 탁자를 만들었고 탁자가 된 나무는 사람 사이로 들어왔다.

사람과 사는 나무탁자

주인공은 나무꾼에서 나무탁자로 옮겨 간다. 소박한 나무탁자는 예나 지금이나 어디에서든 쓰임이 좋다. 한 장면씩 이야기가 전개될 때마다 나무탁자에는 머물렀던 집의 흔적이 스며들었다. 이 흔적들은 그냥 낡고 허름해졌나 보다 하며 지나칠 수 있을 만큼 희미하다.

나무꾼이 친구와 건배하다 흘린 포도주가 가장자리에 스며 있고, 빵가게 주인이 갓 구운 빵을 내려놓았던 자국이 있고, 우유 짜는 아저씨네 집에서 항아리 속에서 출렁거려 넘친 우유 자국도 있다. 불에 그을려 버려지기도 하고 가난한 집에서 유일한 가구로서 중요한 위치를 차지하기도 하면서 나무탁자에는 사람들과의 추억이 스며들었다.

탁자라는 이름은 사람의 쓰임에 의해 붙어진 이름이지만 나무탁자의 본질은 나무이다. 빵 냄새와 우유 냄새가 나는 흔적들은 탁자가 된 나무에 배인 소박한 사람들과 지내 온 시간이다. 흔적을 남긴 사람들이 개발과 소유의 사고로 나무를 대한 것이 아니었기에 나무탁자에게 이 시간들이 따뜻한 기억으로 남아 있을 것이라고 생각해 본다. 그러고 보니 사람은 나무에게 어떠한 존재인지를 깊이 생각해 보지 않았다. 사람의 입장에서 자연을 생각하는 습관을 쉽게 버리지 못하는 우리에게 『나무는 숲을 기억해요』는 순환과 관계에 대해 돌아보며 균형감을 갖도록 돕는다.

나무탁자가 기억하는 숲, 생명

숲에서 불어오는 산들바람과 축축한 땅의 향기가 느껴지는 곳에서 나무탁자는 작은 싹을 틔운다. 아마도 숲에서 날아온 작은 씨앗이 낡은 나무탁자의 틈새에 자리를 잡았을 것이다. 어찌 되었든 탁자는 싹을 틔웠고 탁자와 살던 이가 정성껏 싹을 가꾸어 키운다. 나무가 숲을 기억한다는 것은 나고 자라서 만이 아닐 것이다. 바닷속 물고기처럼 나무는 숲의 일부였다. 나무는 함께 숨 쉬던 또 다른 나무들과 새와 곤충 같은 동물들도 기억할 것이다. 숲은 그들이 모여 새로운 생명을 낳고 삶을 이어 가던 터전이었다.

지식채널 e에서 '사라진 숲, 아마존' 영상을 본 적이 있다. 브라질 국토 면적의 60%를 차지하는 아마존 밀림이 사라지고 있다는 영상이었다. 이 거대한 숲이 우리가 마시는 산소의 1/4을 감당하고 있다는데, 매년 우리나라 전라남북도를 합친 면적의 숲이 벌목으로 사라지고 있다고 한다. 나무꾼은 한 그루 한 그루 나무를 베면서도 사라지는 숲을 경계하였지만, 아마존에서 사라지고 있는 숲은 우리의 현실이다.

나무탁자가 나무의 싹을 볼 수 있는 사람을 만나 다시 숲의 일부가

될 희망을 갖게 된 것은, 나무꾼이 나무의 씨앗을 심고 키우던 처음처럼 나무와 사람이 같이 있었던 서로의 기억 때문이 아니었을까. 나무꾼의 아버지와 할아버지, 숲에서 싹이었다가 둥치가 굵어지고 탁자가 된 나무, 나무탁자에 둘러앉아 울고 웃었던 사람들의 이야기와 이들을 엮은 이야기책이 손자의 손자들에게 전해진다. 『나무는 숲을 기억해요』는 나무가 숲을 기억하고 사람들이 나무를 기억하는 '끝없는 이야기'를 차곡차곡 모아 종이에 연필로 그린 그림책이다. 전하고 잊지 않아야 지킬 수 있는 것 중에 숲이 있다는 것을 기억하게 해 주는 그림책이다.

유머 있는 그림이 주는 여유

연극이 끝나고 등장인물들이 모두 나와 인사를 하듯이 책의 표지 그림에 이야기 전체가 다 담겨 있는 것도 보는 즐거움을 준다. 도끼를 들고 있는 나무꾼, 그 옆에서 나뭇가지로 장난을 치던 아들, 새 모이를 주는 빵 굽던 아저씨, 나무기둥에 소를 매려고 잡아끌고 있는 우유 짜는 아저씨들이 '여전히 그 자리에서 열심히 살고 있겠구나.' 하는 생각이 든다. 가게 주인이 아끼던 새의 주검을 나무 아래 묻고 슬퍼 울고 있는 그림은 눈썰미 좋은 아이라면 한 번에 알아챌 것이지만, 그림을 꼼꼼하게 보지 않는 어른들은 도저히 아저씨의 슬픈 사연을 알아낼 수 없을 것이다.

작가는 나무 이야기를 하면서도 노동, 사랑, 놀이, 휴식, 가족 등 사람들의 일상을 섬세한 그림으로 묘사하고 있다. 일상이 고되기만 한 것은 아니라는 듯이 소소한 유머를 그려 넣어 그림을 읽는 재미를 준다.

오혜자 청주에 있는 초롱이네도서관에서 어린이 책 읽기를 하고 있다. 우리 동네 아이들이 재밌게 살기를 바라고, 그림책을 읽는 어른들이 좀 더 많아지기를 바라면서 작은 일들을 벌이고 있다.

'선한 이웃'의 이웃은
누구일까?

멋진 여우 씨

로알드 달 글 | 퀸틴 블레이크 그림 | 햇살과나무꾼 옮김
논장 | 128쪽 | 2007

　요즈음 인문학에 대한 관심이 지대하다. 참으로 아이러니하다. 눈부시다 못해 구토가 날 정도로 '빠르게, 빠르게, 빠르게' 변화와 진화를 거듭하는 문명의 이기 세상 속에서 인문학 열풍이라니! 이왕이면 어렸을 때부터 차근차근 인문학의 기초를 마음과 머릿속에 탄탄하게 쌓아 두면 얼마나 좋을까!

　이런 의미에서 인문학의 알파요 오메가라 할 수 있는 철학 옆자리에 문학을 함께 두고 싶다. 문학은 우리가 다 경험할 수 없는 인간 세상의 모든 모습, 목소리, 희로애락을 대신 전해 준다. 그래서 많은 질문을 갖게 한다. 왜 죄 없는 사람이 피해를 당하고, 악인이 잘 사는가? 사랑하는데 왜 헤어지고, 미워하는 사람과 어떻게 화해할 수 있을까? 미래의 사람은 행복할까, 노인은 외로운 존재인가? 등등 삶과 자기 존재에 대한 질문을 품게 하는 것이 문학이다.

질문이 많은 아이, 의문이 풍부한 아이는 그만큼 자기 삶에 대해 진지할 수밖에 없다. 또한 타인의 삶을 함부로 평가하지 않는다. 그러므로 몇 페이지 안 되는 그림책, 동화책에서도 우리는 사람과 삶에 대해 풍부한 사고의 영역을 넓힐 수 있는 지혜를 얻게 된다.

더구나 '로알드 달'처럼 인간 내면, 특히 어린이들의 숨겨진 놀라운 상상력과 아픔, 그리고 지극히 속물적이고 위선적인 어른들을 예리하게 파헤쳐 보여 주는 작가 작품이라면 금상첨화일 것이다. 그가 쓴 많은 책들과 수상 경력은 굳이 말할 필요가 없을 정도로 열혈 팬들이 많다. 이렇게 로알드 달 작품이 어린이들의 큰 사랑을 받는 이유는 물론 훌륭한 텍스트이지만, 그에게는 하늘이 준 행운이 하나 있었다. 바로 그의 작품과 영혼의 짝꿍처럼 걸맞는 화가, 퀸틴 블레이크의 그림이다. 블레이크의 그림은 『멋진 여우 씨』에서도 탄성이 나올 정도로 글을 살려 주고 있다.

어김없이 이 책에서도 로알드 달은 세 농장 주인을 통해 인간의 감추고 싶은 내면을 그대로 보여 준다. 날마다 닭을 세 마리씩이나 먹는 엄청나게 뚱뚱한 보기스. 거위 간을 도넛 속에 넣어 먹는, 늘 배가 아픈 배불뚝이 난쟁이 번스. 영리하지만 밥 대신 독한 술만 마시는 꼬챙이처럼 마른 빈. 생김새는 영 딴판이지만 마음씨는 똑같이 치사하고 못된 세 주인.

왜 작가는 악당들의 겉모습을 이렇게 보기 흉하게 그렸을까? 언뜻 생각하면 요즈음 우리네 사회의 '얼짱, 몸짱, 동안' 광풍시대와 발맞춘 가치관이 아닌가, 하는 의문이 들 수도 있다. 그러나 이것은 너무 단순한 '읽어 내기'이다. 작가는 어린 아이들에게 인간의 보편적인 '악'에 대해 말하는 것이다. 세 악당처럼 뚱뚱하거나, 말랐거나 그것은 사람의 내면의 아름다움이나 악함과 아무 관계가 없음을 암시하고 있다. 그리고 이

중적인 의미도 있다. 비대한 몸집에 비해 그의 양심은 말라비틀어졌다. 비쩍 말랐으나 터질 듯한 '악한 마음'을 가진 사람이다. 작가는 할 일 없어서 괜히 악당들의 외모에 대해 자세히 그린 것이 아니다. 그리고 이러한 표현은 '읽기'에 즐거운 집중을 할 수 있게 한다.

외모부터 풍자성이 가득한 세 악당은 자기네 농장에서 닭이나 오리를 훔쳐 가는 여우 씨를 아주 없애기로 한다. 결국 여우는 굶어 죽을 처지가 된다.

하지만 어린이 독자는 다 안다. 책 제목이 '멋진 여우 씨(Fantastic Mr. Fox)' 아닌가! 멍청하거나 어리바리한 여우에게 '멋진'이란 별명을 붙이지는 않을 것이다. 그러니까 이 여우는 영리하고, 눈치가 빠른 여우인 셈이다. 여우는 온 가족이 살 길을 찾는다. 가만히 앉아, 신세한탄만 하면서, 누가 도와주기를 기다리고만 있을 수가 없다. 그럴 가능성도 없고, 그러다가는 그대로 굶어 죽는다.

여우는 어려움과 정면 승부한다. 여러 가지 어려움에 부딪히지만 포기하지 않고 지혜를 짜낸다. 마침내 생각지도 못한, 마치 하늘이 내린 선물처럼 놀라운 결과가 찾아오고 오히려 이전보다 나은 삶이 된다. 자기 가족뿐만 아니라 다른 친구들까지 그 이익을 나누게 된다.

도식적이지 않은 스토리, 즐거운 반전, 유쾌한 문장은 로알드 달의 상징인데,『멋진 여우 씨』에서도 우리들을 또다시 행복하게 해 준다.

이런 로알드 달의 작품은 어찌 보면 단순 명확한 구조를 갖추고 있다. 어른들(강자, 권력자 집단)은 왜곡되고 부패된 기성사회, 기득권 집단을, 어린이들(약자, 피지배자 집단)은 학대받고 힘들게 살아가는 사회 소외계

층을 대변한다. 여기까지만 보면 아주 단순한 작품이라 할 수 있다.

그러나 로알드 달의 작품이 지닌 강점은 문제를 풀어 나가는 방법에 있다. 무조건 악에 대해 소리치고, 약자의 울음소리를 확성기에 대지 않는다. 그는 어떤 슬픔도 유머와 번뜩이는 재치로 녹여낸다. 부패된 사회에서 도피하라고 외치는 대신 '선'으로 '악'을 이기라고 넌지시 말한다. 위선의 사회, 기성세대를 조소하거나 피하라고 말하지 않는다. 맞서 대항하되 평화와 여유, 유머를 가슴과 두 주먹 안에 품고 앞으로 나가라고 행간, 행간에서 보여 준다.

마지막으로 이 책에서 세 주인의 삶을 살펴보자. 그들은 자신들, 사람에 대해서는 참으로 무책임하다. 그러면서 타인과 이웃에 대해서는 잔인하고, 자기 재산을 지키는 데에서는 너무도 부지런하다. 전형적인 악인, 옳지 않은 사람의 모습이다. 지금 우리들이 소망하는 일등, 리더, 성공한 사람들의 뒷모습이 이렇게 된다면 큰일이다. 자신의 도덕성에 대해서는 참으로 관대하면서 이웃의 작은 잘못 하나에도 손가락질을 하는 사람, 자신의 소유에 대해서는 너무도 자애로우면서도 이웃의 가난에 대해서는 비정한 판단을 내리는 사람.

힘없는 자들이 모두 멋진 여우 씨가 되기는 힘들다. 그러나 한 사람의 농장 주인이 옳은 마음을 갖는다면 힘없는 여우 씨들은 멋지지는 않더라도 불안에 떨지 않는 행복한 여우 씨들이 될 수 있을 것이다. 그러므로 이 책은 가뜩이나 하루하루 힘들게 사는 약자들에게 "더 힘을 내시오!"라고 외치는 냉혹한 책이 아니라, 힘은 넘치지만 마음과 생각, 가치관이 올바르지 않은 이들에게 깨우침을 호소하는 정중한 편지이다.

노경실 동생들에게 이야기를 들려주다가 작가가 됨. 그림책, 어린이 동화, 청소년 소설을 쓰면서 번역도 하고 있다. 시각장애 청소년과 노숙자 재활을 위한 인문학 수업도 하고 있다.

가슴 아픈, 그러나
아름다운 동화

모하메드의 운동화

원유순 글 | 김병하 그림
봄봄 | 68쪽 | 2009

　'동화 같은 이야기'라는 말이 있다. 어린이가 나오고, 예쁘고, 아름답고, 환상적이고, 꿈 같은 ……. 국어사전에는 '동화'를 '어린이를 위하여 동심을 바탕으로 지은 이야기, 또는 그런 문예 작품. 공상적, 서정적, 교훈적인 내용으로 되어 있다.'고 정의하고 있다. 여러분도 대부분 위 정의에 동의할 거라 생각한다. 그러나 우리는 '동심'을 너무 어른들의 잣대로 보는 듯하다. 그러다 보니 동화가 종종 예쁘고 아름다운 이야기로만 포장되기도 한다. 어린이는 예쁘고 즐거운 생각만 해야 하는 사람이 아니다.

　작가 원유순은 다른 작품에서도 아픔을 가진 아이들, 소외받는 아이들, 외로운 아이들의 이야기를 자주 들려준다. 글도 못 읽고 말도 안 들는 삼디기, 북에서 온 피양랭면집 명옥이, 베트남 엄마를 둔 하이퐁세

탁소집 웅이, 뇌성마비를 앓는 영만이, '몰라'라는 말밖에 못 하던 진국이 등 우리 사회에서 함께 살고 있는 아이들의 모습을 있는 그대로 보여 주고 있다. 세상은 이렇게 다양한 사연을 가진 사람들이 함께 살아가는 곳이다. 어린이들은 편견 없이 이들을 그냥 받아들일 수 있는 마음을 가지고 있다. 그것이 바로 '동심'이고 이들의 이야기가 '동화'인 것이다. 원유순 작가는 그것을 알고 있기에 어린이들에게 이들이 바로 이웃임을 보여 주는 것이 아닐까?

『모하메드의 운동화』에서 작가는 운동화 '왼쪽이'의 눈을 빌어 중동 지역에 사는 한 아이에게 시선을 돌린다. '글쓴이의 말'에서 초등학교 교사 시절 학교 웅덩이에 빠진 운동화를 그대로 놓고 가며 엄마에게 또 사 달라고 하면 된다던 아이의 경험에서 운동화를 소재로 삼아 이야기를 엮었다고 한다. 작가는 '머나먼 나라에서 고통스럽게 살아가는 한 어린이에게 이 동화를 바친다.'며, 축구 선수가 되고 싶었지만 폭발 사고로 다리 하나를 잃고 꿈이 좌절된 모하메드의 이야기와 축구를 잘 못하는 것을 운동화 탓으로 돌리고 학교 운동장에 신발을 멀리 던져 버리고 간 석이의 모습을 대조적으로 보여 준다.

주인에게 버림받은 운동화 두 짝은 멀리 중동의 낯선 아이 모하메드와 만나게 된다. 맨발로 있던 아이는 새 신발을 신고 경중경중 뛰며 좋아하더니 닳을세라 신을 벗어 가슴에 끌어안는다. 그러고는 깨끗이 발을 씻은 후 신겠노라며 운동화를 품에 안고 집으로 걸어간다. 이 책을 읽는 사람에 따라서는 화자가 운동화인 까닭에 자칫 '운동화도 못 신는 불쌍한 애들도 있으니 너희는 감사하며 물건을 아껴 써야 해!' 정도의 교훈으로 끝날 수도 있겠다는 우려를 한다. 이 정도도 물론 아이들에게 줄 수 있는 대단히 훌륭한 생활의 교훈이긴 하다.

하지만 작가는 꿈이 좌절된 어린이의 참담함에 대해 우리에게 질문을 던지고 있다. 더욱이 그 원인이 전쟁으로 인한 것이라면 개인의 성실함이나 노력으로 해결될 수 없다. 이 동화는 어린이들에게 거짓말하지 않고 착하게 살면 행복해진다는 공식을 더 이상 대입할 수 없게 한다. 계속되는 전쟁은 사람들의 얼굴에서 웃음을 사라지게 했다. 모하메드의 아빠도 폭발 사고로 목

숨을 잃었다. 이렇듯 전쟁은 가족의 해체를 불러오고 이는 가난으로 이어진다. 모하메드는 착한 아이다. 미성년자인 어린이들도 위험한 일터로 내몰린다. 부서진 고철 더미 속을 헤매며 쇳덩어리를 주워 판다. 그러다 쇳덩어리 속에 있던 폭탄이 터지는 사고로 축구 선수가 꿈이었던 모하메드는 오른쪽 다리를 잃게 된다.

모하메드는 이제 아프다는 소리는 지르지 않았습니다. 대신 하루 종일 말 한 마디 없이 멍하니 앉아 있었습니다. 까만 눈에는 그렁그렁 눈물만 담겼습니다. 어느 날 모하메드는 나를 집어 들더니 가슴에 꼭 안았습니다.

(중략)

대체 여기는 어디일까?

시도 때도 없이 쾅쾅 폭탄 터지는 소리가 들리고, 제대로 된 집 한 채 없는 곳, 나무와 풀 한 포기 찾기 힘든 메마른 곳…….

그러나 모하메드처럼 마음이 예쁜 아이들이 사는 곳. (52쪽)

작가가 구체적인 나라를 밝히지는 않았지만 모하메드의 엄마가 얼굴까지 가리는 '부르카'를 입은 것으로 보아 모하메드가 사는 나라는 아프가니스탄인 듯하다. 누구도 모하메드에게 잃어버린 다리를 다시 찾아 줄 수도, 축구 선수의 꿈도 보장해 줄 수 없다. '오른쪽이'를 찾은 '왼쪽이'와는 달리 모하메드는 잃어버린 다리를 다시 찾을 수 없다. 목발을 짚고 오른쪽 운동화를 찾아 나선 모하메드의 행동이 그저 최선일 뿐이다.

동화를 읽고 나니 가슴이 먹먹하다. 섣부르게 모하메드가 모든 역경을 딛고 한쪽 다리로도 축구 선수가 되었다는 해피엔딩이 아니라서 다행이다. 독자들에게 생각할 거리를 남겨 두어 더 고맙다. 이 책은 어른들이 함께 읽으면 좋겠다. 운동화가 이야기를 끌고 나가서 어른들이 읽기엔 약간 부자연스럽고 오글거리기도 하지만 미리 그것을 감수할 준비를 하고서라도 읽었으면 한다. 전쟁과 분쟁은 이야기 속에만 나오는 것이 아니다. 한국은 전쟁을 겪었고 지금도 남과 북으로 분단된 국가다. 다른 나라의 전쟁에 파병을 한 경험도 있다. 전쟁의 무서움을 잘 아는 우리들이지 않은가? 이제 평화에 대해 이야기할 차례다. 평화는 단순히 전쟁의 반대말이 아니다. 모하메드가 잃은 다리를 찾아 줄 순 없지만, 더 이상 어린이들이 모하메드처럼 꿈이 좌절되는 아픔을 겪지 않게 막을 수는 있을 것이다. 모하메드와 함께 삼디기와 명옥이와 웅이와 진국이를 통해 작가는 우리에게 평화의 메시지를 계속 보내고 있었다는 생각이 든다.

박영주 용인의 밤토실어린이도서관에서 관장을 하며 어린이들과 만나다가, 용인시작은도서관협의회 회장 역할을 하며 도서관과 마을에 대해 생각하고 공부하고 있다. 경희대학교 후마니타스칼리지에서 시민교육을 가르친다.

'봐도 돼?'가 '봐도 돼!'로
바뀌는 순간

봐도 돼?

이소 미유키 글 | 하타 고시로 그림 | 김정화 옮김
천개의바람 | 79쪽 | 2013

『봐도 돼?』는 말썽쟁이 여우와 부끄럼쟁이 토끼가 서로를 알아 가며 마음을 열고 친구가 되는 짧은 동화다. 저학년 대상의 책으로 우정 이야기를 아이들이 좋아하는 동물을 등장시켜 자연스럽게 다가간다. 출판사에서 아이들 첫 읽기책으로 기획했다는 '학교종이 땡땡땡' 시리즈의 세 번째 책인 이 책은 조금은 서툴지만 자신의 감정에 솔직한 아이들의 심리가 여우와 토끼를 통해 잘 나타나 있다. 표지 그림을 보면 여우는 무지 말 안 듣게 생겼고 눈이 이쁜 토끼는 뒤에서 여우를 부러운 듯 바라보고 있다. 그림책에서 동화책으로 넘어가는 초등 저학년 아이들이 좋아하겠다.

숲 속 마을 아이들이 '예의 바르게' 헤엄을 치는 법을 배우던 날, 물에 들어가지 못하는 토끼는 오리에게 혼이 난다. 그때 여우가 첨벙 물에

뛰어들고, 토끼는 여우에게 한
눈에 반한다. 겁 많은 토끼가
용기를 내 여우에게 다가가지
만 여우는 퉁명스럽기만 하다.
하지만 토끼는 포기하지 않고

계속 여우에게 "봐도 돼?"라고 말을 건다. 그때부터 토끼는 여우만 졸졸
따라다니게 된다. 여우도 공주 눈을 닮은 토끼를 보며 가슴이 설레지만
선뜻 다가서지 못한다. 서로 전혀 다른 성격을 가진 여우와 토끼는 아
직 서로가 익숙하지 않다.

> "너 왜 따라오는 거야?"
>
> "으응, 그러니까, 여우 네가 멋있어서……."
>
> (중략)
>
> "쳇, 네 맘대로 해……."
>
> 그 뒤로 토끼는 매일매일 여우한테 찾아와서 "봐도 돼?"라고 물었어요.
> 여우도 어느새 토끼를 기다리기 시작했어요. (39쪽)

이처럼 냉정한 여우가 멋지다니 토끼 마음을 보면 착하기 그지없다.
하지만 토끼는 자신이 하지 못했던 일을 하는 여우가 멋지게만 보인다.
토끼는 여우가 구멍을 파고 동물 친구들을 골탕 먹일 때도 생일 선물
로 받은 족제비의 새하얀 티셔츠에 진흙을 던질 때도 항상 지켜본다.
여우는 이처럼 자기만 바라봐 주는 토끼가 있어 친구들을 헐뜯기 좋
아하는 들고양이를 혼내 주고, 잘난 척하기 좋아하는 두더지, 뽐내기
좋아하는 멧돼지, 사나운 원숭이를 혼내 주는 등 어떤 모험도 할 수 있
었다. 유쾌 상쾌 통쾌한 부분이다. 토끼와 여우가 몰래 숨어서 장난치

는 모습도 밉지 않다.

『어린왕자』에 나오는 여우가 '서로에게 길들여진다는 것은 서로에게 필요한 존재가 되는 것'이라고 했는데 여기에 나온 여우도 어린왕자 아니 어린공주 같은 토끼에게 길들여지게 된 것이다. 말썽꾸러기에 그다지 멋있어 보이지 않는 여우도 멋있다고 말하는 토끼, 수줍음 많은 부끄럼쟁이 토끼가 사랑스러워지기 시작한다.

서로에게 길들여졌으니 이제 친구가 된 것이다. 그런데 새로운 사건이 터진다. 말썽을 피우다 토끼에게 들킨 여우는 부끄러운 마음에 더 화를 내며 토끼에게 돌멩이를 던지고, 토끼는 그 돌멩이를 받다 진흙탕에 넘어지고 만다. 그런데 그 돌멩이는 얼룩무늬 새알이었다.

"다행이다. 안 깨져서 ……. 혼자서 가여워라."
"어차피 둥지에서 떨어진 알에선 새끼가 못 깨어나. 혼자가 가엾기는 뭐가 가여워. 다들 말로만 그렇지 아무도 진심으로 걱정하지는 않는다고!"
여우는 온 힘을 다해 뛰어가 버렸어요. (49~50쪽)

'쳇'만 외치던 여우는 엄마 없는 아이였던 것이다. 여우가 큰 소리로 토끼에게 모든 말을 내뱉는 순간이다. 그러고 나서 여우는 조금씩 마음이 변하기 시작한다. 아무리 기다려도 토끼가 오지 않자 여우는 숲 속을 헤매며 토끼를 찾기 시작한다. 늑대에게 잡아먹혔을지도 모른다고 생각하면서 애타게 찾는다. 다행히 토끼는 여우가 던진 새알을 품고 있었다.

여우는 외로워서 친구들을 괴롭힌 거고 토끼는 부끄러워서 친구들에게 말도 걸지 못하고 보기만 했는데 이제는 서로의 마음을 아는 진정한 친구가 되어 함께 뛰어간다. 마지막 그림에서 토끼와 여우가 입꼬리가 살짝 올라간 채 미소를 머금고 뛰어가는 모습은 정말 보기 좋다.

토끼와 여우는 친구의 어떤 모습도 받아 주고 먼저 다가가 손을 내밀며 조금씩 다가가 멋진 친구 사이가 된 것이다.

이처럼 이 동화는 서로 부족한 부분을 가지고 있는 다양한 아이들이 서로 다름을 인정하며 하나가 되는 순간 외롭지도 부끄럽지도 않게 된다는 사실을 은근히 깨닫게 한다.

예쁜 토끼의 눈으로, 말썽꾸러기 여우의 눈빛으로 친구들을 한번 바라보자. 용기를 내 큰 소리로 내가 먼저 말을 걸어 보면 어떨까? "봐도 돼?"라고.

'봐도 돼?'가 '봐도 돼!'로 바뀌는 순간 내 옆에 소중한 단짝 친구가 생길 거라는 기대감을 갖게 하는 책이다.

김미아 2000년 광주일보 신춘문예 동화 등단. 사)어린이도서연구회 송탄지회에서 책 읽어 주기 활동을 하고 있다. 작은 도서관에서 활동하면서 틈틈이 동시 작가의 꿈을 키워 가고 있다.

끝이 나지 않는
악어 이야기

악어 우리나

채인선 글 | 안은진 그림
논장 | 92쪽 | 2012

이 책의 주인공 악어 우리나는 무시무시하지 않다. 무시무시하기는
커녕 귀엽고 아기자기하다. 커다란 입속에 날카롭고도 보기만 해도 섬
뜩한 이빨이 나란히 나 있는 악어가 아니다.

이야기 속 악어의 겉모습을 살펴보자면 유머러스하게도 보인다.

지은이가 쓴 작가의 말에 들어 있는 초록 악어를 떠올리면 안아 주고
싶기까지 하다. 이야기의 힘이 이처럼 큰 것일까 싶은 생각이 들 만큼
이다.

지은이는 작가의 말에 "…… 물론 진짜 악어는 아닙니다. 초록색 봉
제 인형인데 빨간 가로줄 무늬 셔츠에 파란 세로줄 무늬 바지를 입고
있습니다."라고 적고 있고, 또 "내가 아이였을 때 동물원에서 발견한 진
짜 악어입니다. 악어는 말이 없었습니다. …… 화난 얼굴은 아니었습

니다. 몰래 입에 알사탕 하나를 넣고는 모른 척하는 표정이었습니다.”
지은이가 가지고 있는 악어 봉제 인형과 실제의 악어가 척 들어맞고
있다.

그런 연유인지 이야기에서 주인공인 우리나의 개성이 참으로 잘 살
아 있다. 능청맞은 한편 다정하고 장난스럽고 순진하다. 머릿속에 여섯
살이나 일곱 살, 여덟 살쯤 된 어린이가 떠오르는 것도 그런 까닭일 것
이다.

무엇보다도 있을 법한 이야기들이 지루하지 않게 펼쳐지고 있어 어
린이들이 반기며 읽을 것은 물론, 몇 번이고 더 읽고 싶을 만한 매력을
지니고 있다. 그런 만큼 이야기에 재치가 곁들여 있다.

〈수학 숙제〉 ‘3과 9 사이에는 어떤 수들이 있을까요?’에서 과연 3과 9
사이에는 어떤 숫자가 있을지, 문득 막막해지는 느낌이 드는 것은 기이
한 노릇이었다. 그다지 대수롭지 않은 소재를 이야기로 만들어 내는 지
은이의 힘 덕택이다. 우리나와 가까운 친구인 악어들은 저마다 제 경우
에 비추어 답을 내놓는다. 동생은 3살이고 형은 9살이니 그 사이에 있
는 수는 제 나이인 ‘5’라는 답을 내놓는 악어 두두리.

오후 3시부터 저녁 9시까지 산수 숙제 그 한 가지를 가지고 헤매던
우리나와 친구들은 올려다본 시계판의 시각이 ‘4, 5, 6, 7, 8’이 이미 지
났음을 보면서도 답을 알아내지는 못한다. 어린이들의 특성이 잘 드러
나 있는 부분이다.

『악어 우리나』에 들어 있는 여섯 편의 짧은 이야기인 〈수학 숙제〉,
〈집 보기〉, 〈식당에서〉, 〈물고기 100마리가 필요해〉, 〈걱정〉, 〈악어는 과
연 혼자 있을 수 있을까〉는 비슷한 이야기인 듯싶으나 이야기가 품는
의미는 각기 다르다.

〈식당에서〉는 아이들의 흉내 내기, 따라 하기를 잘 표현했다. 남의 떡

이 더 커 보
이고 맛있어
보이는 일, 이웃
테이블 음식이 맛있게 보여 계속 주
문을 바꾸던 끝에 마침내는 재료가 모
두 떨어지고 말아 '아무거나'를 먹어야
했던 우리나와 나나니.

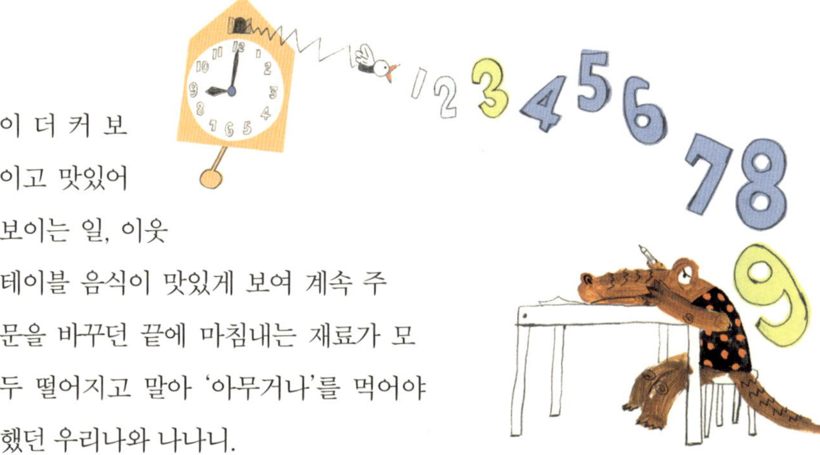

　'나도 그런 적 있던 것 같아.'라고 생각할 만큼
공감을 이끌어 내며 어린이 특유의 모방심리를 잘 그려 내고 있어 책 읽
기의 즐거움과 흥미를 유발한다.

　〈물고기 100마리가 필요해〉는 이야기가 주는 재미가 각별하다. 한
사람만 부르려던 것이 한 사람, 한 사람, 또 한 사람 보태져 마침내는
100명 그리고 100마리의 물고기…… 함께, 즐겁게 어울려 살아감의 기
쁨이 잘 그려져 있다. 옆의 한 사람을 위해 굽는 한 마리, 한 마리, 또
한 마리의 물고기. '한 명만'이 늘어 100명에 이르는 이야기를 읽던 중
에 책을 덮기란 쉬운 일이 아닐 것이다.

　우리나, 나나니, 쿠나쿠나, 여미여미, 두두리, 이야이야, 모리모리, 누
구누구…… 악어 우리나의 이름도 그렇거니와 친구 악어들의 이름 또
한 매우 익살스러운 한편 썩 잘 어울린다.

　우리나의 이름에 받침이 없듯이 친구 악어들의 이름도 받침이 없는
것은 물론 악어 이름으로 걸맞다. 잔물결호수, 바람불어언덕, 졸졸개울
등의 이름도 악어들 이름처럼 잘 어우러져 있다.

　한 편 한 편의 이야기가 자연스러워서 어린이와 부모가 함께 읽기에
도 무리가 없다.

　이야기 〈걱정〉을 읽는 어린이들도 이야기에 많은 공감을 가질 듯

싶다. 별별 것이 다 근심이어서 잠을 잘 수 없는 어린이, 걱정 또는 근심은 어른만이 갖는 감정이 아님을 책을 함께 읽는 부모들도 알아야 하지 않을까.

〈악어는 과연 혼자 있을 수 있을까〉는 어린이다운 우정이 재미있게 그려져 있다. 우리나를 걱정하여 찾아다니는 친구 악어들. 걱정하는 것처럼 보이되, 우리나와 함께 놀고 싶어 안달이 난 모습으로 비쳐진다.

『악어 우리나』는 그림이 글의 내용을 한층 더 흥미롭게 받쳐 주고 있다. 두꺼운 유화물감의 느낌이 아닌 아크릴화 또는 수채화의 느낌이 밝고 따뜻하다.

어린이들은 『악어 우리나』를 읽은 뒤, 어떤 생각을 하게 될까? 어떤 어린이들은 이야기를 읽는 동안 상상 속의 '악어'를 만난 덕에 이제까지는 두려움의 존재였던 악어에게 친밀감을 느끼게도 될 것이다. 또 몇몇 어린이들은 악어가 아닌 고래, 사자, 원숭이, 곰 또는 하마, 독수리 등을 떠올리며 자신만의 이야기를 만들지 모른다.

별것 아닌 일에서 재미를 찾고 느끼는 여섯, 일곱, 여덟 살 어린이는 말할 것 없고 어린 시절이 그리운 어른들에게도 일독을 권하고 싶은 책이다.

이상교 서울에서 태어나 강화에서 성장했다. 1974년 조선일보와 1977년 조선일보, 동아일보 신춘문예에 동화 및 동시 부분 입·당선되었다. 글책, 그림책, 동시 등 다양한 글을 쓰고 있다. 세종아동문학상, 한국출판문화상, 박홍근 아동문학상을 수상했다.

평범한 일상 속에서 특별함을
발견하는 따뜻한 시심(詩心)

우리집 귀뚜라미

이상교 글, 그림
고래가숨쉬는도서관 | 108쪽 | 2013

　자기 아이가 아무래도 시적인 감각을 타고 태어난 것 같다고 좋아했던 친구가 있다. 그랬던 친구가 꽤 오랜 시간 뒤에 만났더니 아이가 시적인 감각은커녕 교과서에 나오는 시(詩)도 이해를 못 해서 속이 터진다고 했다. 그런 것이 그 아이만은 아닐 터다.

　"달이 나를 좋아해서 자꾸 따라온다."든지 바람에 날리는 벚꽃을 보고 "꽃 눈이 내린다."든지 하는 것은 평범한 아이들도 이해할 수 있는 표현이다. 이렇듯 누가 가르치지 않아도 어린 아이들은 느끼는 것 자체가 이미 시인이다. 그랬던 아이들을 세상이 힘을 합쳐 교과서에 나오는 시(詩)도 이해 못하게 만들고 있다. 어른들은 좀처럼 아이들에게 시를 읽어 주지도, 읽게 해 주지도 않는다. 공부와 상관이 없다는 이유에서다.

　시가 정서를 순화하는 역할만을 하는 것은 아니다. 어른들이 원하는 국어학습에도 도움이 된다. 시는 특성상 수사법(비유, 강조, 변화)을 가장 많이 쓰는 문학 장르 중 하나이다. 그래서 시를 읽다 보면 아이들은 어려워하던 수사법을 자연스럽게 이해하게 된다. 그렇다고 학습에만 치중해서 시를 읽으라는 말은 아니고, 시를 읽다 보면 어부지리로 얻어지는 게 있다는 뜻이다.

『우리집 귀뚜라미』도 여러 가지 면에서 얻어 갈 게 많은 시집이다. 이 책은 1988년 발간했던 이상교 시인의 첫 시집을 재발간한 것이다. 첫눈, 첫사랑, 첫발자국……등 어떤 말 앞에 '첫' 자가 붙는 건 누구에게나 조금은 특별하다. 시인은 그 특별함 때문인지 표지그림은 물론 시(詩)마다 어울리는 그림도 직접 그렸다. 때로는 따뜻하고, 때로는 아리고 또 때로는 곱고, 아름답게 곁들여진 그림은 아이들의 영혼을 닮은 듯 맑고 따뜻하다.

책에는 모두 서른다섯 편의 시가 수록되었다.

이제는 고인이 된 이오덕 선생님의 말처럼 '동시는 시가 먼저 되어야 하고 그 위에 다시 동시가 되어야 한다.'면 그중에 몇 편 '겨울나무', '성냥', '챙장이 아버지', '소금독' 등은 시에서 동시로 넘어가는 중간 어디쯤 위치해 있다고 말할 수 있겠다. 그렇지만 시와 동시의 경계를 논하지 않고 시로서만 본다면 그 어느 작품들보다 울림이 크다.

그 밖의 다른 작품들은 사계절을 비롯하여 꽃, 나무, 안개, 조개껍데기 등 자연에서 만날 수 있는 친근한 것부터 비를 비롯해서 연, 봉숭아 꽃물, 시장, 육교, 눈금자, 바늘처럼 우리 삶 곳곳에서 느끼고 경험했을 법한 평범한 일상에 닿아 있다. 소재가 누구든지 주변에서 한 번쯤 보고 느낄 수 있었던 것들이다. 그렇게 그냥 지나칠 수 있을 법한 것들이 시인 눈에 띄어 특별한 무엇이 되었다.

종이 상자 안에 담긴 병아리들은 봄의 전도사가 되었고('봄은', '육교

위에서'), 하늘을 날던 연은 창문이 되었고('연') 혼자 집을 지키던 귀뚜라미는 별빛이 되었다.('우리 집 귀뚜라미') 시를 읽다 보면 아이들은 –시인의 눈을 통해– 자신들이 미처 발견하지 못 했던 것을 발견하게 될 것이고 모든 것에 자신이 보지 못한 새로운 면이 있다는 것을 알게 될 것이다. 비로소 이면을 들여다볼 수 있는 눈을 뜨게 되는 것이다. 더불어 시에 녹아 있는 맑고 따뜻한 시인의 심성('이른 봄 연못', '겨울나무', '해바라기', '기운 양말')까지 마음에 담아 갈 수 있다.

자연과 일상의 소소함을 소재로 한 작품과 더불어 눈에 띄는 것은 아버지를 소재로 한 작품('챙장이 아버지', '대문 칠하는 날', '이른 봄에')이다.

정작 시인 아버지가 챙장이였는지 알 수는 없지만 '챙장이 아버지'가 보여 주는 장면의 생생함은 아마도 그랬으리라 미루어 짐작하게 한다.

햇빛을 가리는 차양을 만들어 다는 아버지가 정작 본인은 머리 위로 내리쬐는 뜨거운 햇빛을 가리지 못 하고 온전히 맞고 있다. 그 모습을 바라보는 딸의 마음이 어땠을지는 말하지 않아도 짐작할 수 있다. 그런데 속상하다고, 아프다고 칭얼대지 않는다.

'차양을 해 다는/우리 아버지/아버지 머리 위에는/차양이 없다.' 고 담담하게 말한다. 그래서 더 쓰고 아리다.

'챙장이 아버지'가 밖에서 고단하게 일하는 아버지 모습이라면 '대문 칠하는 날'은 가족을 위해 일하는 아버지 모습이다. 대문 칠하는 아버지에 대한 기억 때문일까 시인은 아버지를 초록, 풀빛으로 추억한다.

'들어설 적 나설 적/문밖까지 따라 나와/멀리서도 알아 뵐/풀빛 대문'은 곧 마음속에 풀빛이 가득해서 풀빛에 잡히신 아버지다.

'이른 봄에'는 돌아가신 아버지에 대한 사무치는 그리움이다. 길가 나무마다 새 움이 트고 풀빛 부리가 돋는 걸 보면서 같은 초록빛을 가졌으면서도 다시 돋을 수 없는 아버지가 사무치도록 그립다.

아버지를 그리워하는 마음은 읽는 사람으로 하여금 부모님이 곁에 계신 것이 얼마나 감사한 일인지 다시 한 번 느끼게 한다. 책머리에 '오래 전, 돌아가신 아버지께 이 동시집을 드립니다.'라고 밝혀 놓은 시인의 마음이 묵직하게 다가오는 작품이다.

얼마 전 한 문예지에서 이상교 시인이 쓴 글을 보았다. 시인은 '혼자'라는 말을 좋아한다고 했다. 혼자가 아니었으면 놓치고 말 것이 세상에는 참으로 많다고. 혼자일 때 비로소 말을 걸어오는 것들이 사뭇 많다고도 했다. 아무에게도 방해받지 않는 때 보이지 않던 것, 들리지 않던 것이 다 보이고 들리는 경지에 이른다고 말이다. 그렇게 시인은 '혼자'일 때, 아무도 보지 못한 것들의 속내까지 보았던 모양이다.

요즘 아이들은 어른들보다 더 바쁘다. 그래도 조금만 바쁜 시간을 덜어 내어 이 시집을 천천히 읽어 보게 하고 싶다. '혼자'가 되기 전에, 말을 걸어오는 것들을 바라볼 수 있는 눈을 뜰 수 있게 말이다. 그 후에 오로지 '혼자'가 되면 아무도 보지 못한 반가운 무엇이 말을 걸어올지도 모를 일이다. 아이 때문에 속이 터진다는 친구에게도 권하고 싶다.

최영미 어린이를 가르치며 어린이를 통해 세상을 보고 좋은 어린이 책을 쓰고 만들기 위해 애쓰고 있다. 쓴 책으로 『연두와 밀루』, 『꿈 성장판이 열렸어요』가 있다.

울어도 돼, 대장!

잘 자요, 대장

아마드 아크바푸르 글 | 모테자 자헤디 그림
마음물꼬 옮김 | 고래이야기 | 24쪽 | 2011

어린아이의 그림일기에서 옮겨 온 듯한 여러 컷의 그림들이 표지 앞면에 배열되어 있다. 목발을 짚은 채로 총을 든 아이, 병원차, 아버지와 아이, 병사, 의족, 의족을 하고 있는 아이, 헬리콥터, 탱크. 이곳은 전쟁터이다. 그런데 제목이 '잘 자요, 대장'이다. 어떻게 이렇게 평온한 인사를 건넬 수 있을까. 표지 그림과 제목의 강렬한 대비가 마음을 움직인다.

전쟁과 아이

아이는 생각하는 눈을 가지고 있다. 한쪽 다리가 없어 몸이 기울어져 서인지 고개도 기울고 눈동자도 옆을 바라본다. 큰 눈망울에 의문이 가득하다. 아빠가 의족을 벗어서 잘 두라는 이야기를 하는 동안 아이는 머릿속으로 전투준비를 하고 있다. 전쟁에 대한 지식도 많다. 총은 물론이고 폭탄, 탱크, 지뢰도 알고 있다. 아이의 방에는 침대와 의자 뒤에도 총을 든 병사들이 있다. 아이는 병사들을 지휘해야 하는 대장이다. 대장은 용감하고 신중해야 한다. 적군에 맞서 엄마 죽음에 복수를 하려면 의족과 총을 몸에서 잠시라도 떼어 놓을 수 없다.

포탄이 떨어지는 전쟁터에서 엄마를 잃고 한쪽 다리도 잃은 작은 아이가 어떻게 이 긴장을 내려놓고 다시 살아갈 힘을 낼 수 있을까.

그림책『나는 평화를 꿈꿔요』에서 옛 유고슬라비아 어린이들이 직접 그린 전쟁을 본 적이 있다. 시커먼 괴물이 덮치는 꿈, 팔다리에서 피를 흘리며 뒹구는 사람들, 하늘을 날아다니는 전투기와 포탄, 줄지어 지나가는 탱크, 불타는 건물, 무너진 집 등 아이들이 본 장면들이 생생하게 옮겨져 있어 고통이 전해지는 그림 모음이었다. 전쟁을 겪은 아이들이 자신의 공포와 충격을 그림으로 드러내도록 한 심리치료과정을 엮은 것이라고 하였다.『잘 자요, 대장』의 배경인 이란-이라크 전쟁에서도 백오십만 명의 사람이 죽고, 또 수많은 사람들이 부상을 입었다고 한다. 살아남은 사람들은 이후에도 오래도록 개인에게 남겨진 전쟁을 치러야 한다.

우리는 현실이 아니기를 바라는 마음으로 차라리 꿈이었으면 좋겠다는 말을 하곤 하지만, 아이들의 꿈에 나타나는 괴물은 현실에서 꿈에까지 쫓아온 괴물이다. 대장의 방은 자신을 억압하는 괴물과 대치하는 판타지 공간이자 다시 돌아와야 할 현실의 공간인 것이다. 이 내면의 싸움에서 자신을 찾기 위해서는 주위의 도움이 필요하다. 가족 혹은 사회의 격려와 위로를 느낄 수 있어야 세상이 내미는 손을 잡을 수 있는 것이 아닐까.

가족들은 아이가 의족을 하고 살아가야 하는 상황을 안타까워하면서도 "의족이 망가지지 않게 조심해서 다루라."거나 "다치지 않게 의족을 조심해서 다루라."고 한다. 아이를 위해서 새엄마가 필요하다고도 한다.

아이는 사진 속 엄마와 내면의 적군하고만 대화한다. 아이의 마음에 다가가지 못하는 가족의 모습을 보며 치유나 소통이 얼마나 주의 깊고 섬세해야 하는 일인가를 다시 생각해 본다.

상처를 위로하는 그림

『잘 자요, 대장』은 아이가 직접 그린 연필그림처럼 삐뚤삐뚤하면서 아주 꼼꼼하다. 위축되고 집착하는 아이의 마음자리에서 사물을 바라보고 있는 작가의 시선을 읽을 수 있다. 작은 방은 연약한 대장의 전쟁터인 반면, 따뜻한 기운이 느껴지는 난로가 놓여 있고 엄마사진이 대장을 내려다보고 있어 그나마 이곳이 가정의 울타리 안에 있다는 위안을 준다. 그림을 자세히 보면 대장의 얼굴과 등장인물의 얼굴 모두에 색이 입혀져 있는데 얼굴 형태에 완전하게 겹쳐지지 않는다. 얼굴 색감은 마주 보거나 대화하는 사람의 방향으로 좀 더 다가와 있어 삶의 의지나 에너지와도 같은 기운을 표현한 것으로 보인다. 첫 장부터 내내 대장은 다리에 의족을 하고 있었는데 마지막 장에는 의족과 목발이 침대 이쪽 저쪽에 그냥 놓여 있고 탱크도 적군도 총도 사라졌다.

독자는 그림을 통해 이야기에 더욱 몰입하고 깊이 이해하게 된다. 내면의 전쟁을 드러낸 이 그림들이 세계 여러 나라의 분쟁현장 영상에 항상 노출되어 무감각해지고, 컴퓨터 게임에서처럼 폭력으로부터 감정을 분리하는 것에 익숙해져 있는 우리 아이들 마음에도 다가갈 수 있을 것이라고 생각한다.

치유의 시작, 마주하기

“이봐, 난 엄마의 복수를 하려고 왔다.”

“나도 그렇다.”

“총을 내려놓지 않으면 널 쏠 테다.”

“총을 내려놓지 않으면 널 쏠 테다.”

이렇게 말하고 그는 수를 세기 시작했다.

나도 그를 노려보며 조준을 하고는 수를 세었다. 하나, 둘……

바로 그때, 나는 그에게 다리 하나가 없다는 것을 알아챘다.

적군대장이 대장의 의족에 관심을 두며 잘 걷는 모습을 돌아가신 엄마에게 보여 주고 싶다고 한다. 대장은 적군대장이 엄마에게 보여 주고 싶어 하는 모습이 바로 자신의 엄마가 보고 싶어 하는 모습인 것을 직감한다. 판타지 공간은 두려움이나 화해해야 할 자신의 그림자와 마주할 수 있는 자리를 마련해 준다. 대장과 적군대장의 대화에서 앞으로 대장이 내면의 갈등을 내려놓고 아빠와 함께하는 평범한 일상을 되찾는다는 것을 추측할 수 있다.

하지만, 책장을 넘기는 내내 대장의 아픈 발과 아픈 마음에서 눈을 뗄 수 없었다. 대장이 현실을 받아들이고 가족의 울타리에서 평온을 되찾기를 간절히 바라지만, 폭력에 대한 분노, 엄마를 잃은 슬픔, 몸의 상처들을 극복할 수 있다 하더라도 아프지 않은 것이 아니기 때문이다. 정작 대장에게 필요한 것은 누르고 있는 감정을 흐르게 하는 것이 아니었을까. 대장의 맑은 눈 너머에 가득 차 있을 눈물을 쏟아 내는 일은 독자의 몫으로 남았다.

오혜자　청주에 있는 초롱이네도서관에서 어린이 책 읽기를 하고 있다. 우리 동네 아이들이 재밌게 살기를 바라고, 그림책을 읽는 어른들이 좀 더 많아지기를 바라면서 작은 일들을 벌이고 있다.

문명이라는 편견을
거부한 소년

제미 버튼

앨릭스 바즐레이 글 | 발레리오 비달리, 제니퍼 우만 그림
김서정 옮김 | 다섯수레 | 48쪽 | 2013

옛날, 아주 먼 섬에 살고 있던 한 소년에게 어느 날 낯선 이방인들이 찾아온다. 그들은 소년에게 '제미 버튼'이라는 이름을 주고 화려한 문명사회를 경험하게 한 다음 고향으로 돌아가 그동안 배운 것을 가르치라고 섬으로 돌려보낸다. 하지만 소년은 섬에 돌아오자마자 문명을 거부하고 고향의 자연에 안긴다.

제미 버튼, 문명을 거부한 이 소년의 이야기는 1830년대 실화에서 영감을 받아 쓴 동화이다. 실제 자료를 찾아보니 우리도 익히 알고 있는 비글호 선장은 제미를 포함한 3명의 푸에고 젊은이들을 영국으로 데리고 가 기독교적 교육을 받게 한 후 문명세계에 동참시키고자 한다. 하지만 부족에게 돌려보낸 지 1년 후 그들은 모두 이전 생활로 돌아가 있었다고 한다. 제미만이 나이프와 포크 사용법을 기억하고 있었다. 피츠

로이 선장이 다시 영국으로 데리고 가 주겠다고 제안했지만 제미는 "많은 과일과 많은 물고기, 많은 새들"로 "행복하고 만족하기" 때문에 "영국으로 돌아가는 것을 원치 않는다."며 사양했다고 한다.

이 책은 이처럼 역사 속에서 아주 작은 부분으로 기억되는 이야기를 군더더기 없는 짧은 글과 그림, 그리고 여백으로 깊은 생각을 유도해 낸다. 무엇보다 문명에 물들지 않은 호기심 가득했던 소년의 눈으로 보는 문명, 도시 모습을 보여 주는 그림이 새롭고 신선하다.

소년이 생활한 섬에서는 수풀의 풀조차도 다양한 초록빛을 내뿜어 자연의 아름다움을 한껏 보여주는 데 반해 문명 도시 모습은 무채색의 단조로운 색상으로 표현된다.

빼곡히 들어선 높은 빌딩, 왕과 왕비의 화려한 자태, 멋진 모자와 드레스로 한껏 차려입은 사람들 모습, 눈을 유혹하는 다양한 물건들이 진열되어 있는 상점 등의 화려함을 단조로운 색깔과 스탬프로 찍어 낸 듯 비슷한 모습의 실루엣으로 표현함으로써 개개인의 특징과 개성이 묻혀 버리는 도시의 획일성을 절묘하게 담아냈다.

소년의 시선을 따라가면 오만한 문명인들의 시선이었을, 오늘날 현대인들의 눈으로는 볼 수 없었던 소년의 외로움을 오롯이 만날 수 있었다.

문명인들은 옷을 입지 않고 살아가는 원주민을 미개하다고 보았을 것이다. 실제로 소년을 데리고 함께 항해한 것으로 알려진 찰스 다윈은 자신의 일기에 이렇게 썼다고 한다.

"나는 전 세계를 다 뒤져도 더 낮은 등급의 인간을 발견할 수 없을 것이라고 믿는다."

문명인들에게 소년은 문명사회에 데려가 가르쳐야 하는 미개인일 뿐 인격을 갖춘 사람으로 또 진정한 친구로 받아들여지지 않았을 것이다.

그렇기에 소년은 도시에서 같은 문화를 공유하지만 비슷할 뿐 결코 같을 수 없었다고 반복해서 말하고 있다. 무채색의 군중 속에 유일한 자홍색 피부와 컬러풀한 색상으로 표현되는 소년의 모습은 자신과 다르면 틀리다고 여기는 그들의 시선을 대변하는 듯하다.

이 책의 백미는 문명인들이 소년을 섬에서 데리고 가면서 섬사람들에게 건네는 진주 단추이다. 소년의 이름인 제미 버튼의 유래가 되기도 한 진주로 만든 단추는 문명인들에게는 아름답지만 섬사람들에게는 아무 의미가 없다. 그런데도 그 진주 단추를 주고 소년을 데려가는 문명인들의 오만함은 문명의 전파라는 이름으로 포장한 약탈과 침략의 세계사 속 한 단면을 극명하게 보여 준다.

이 책을 읽으며 오버랩되는 다큐멘터리가 있었다. 바로 아마존의 눈물!

지구의 허파로 불리는 아마존의 정글에서 살아가고 있는 부족들을 담은 다큐멘터리로, 처음 그 다큐멘터리를 보았을 때 그 부족의 특이한 관습과 벌거숭이 모습에 낯섦과 이질감을 느꼈다. 하지만 순수하면서도 자연과 공존하는 그들의 독특한 삶의 방식이 또 다른 감동으로 다가왔다.

2년 동안의 문명의 상징으로 표현되는 옷을 허물처럼 벗어 버리고 편안해진 소년의 모습에서 방문객들의 낯선 물건에 대한 호기심 외에 욕심을 보이지 않던 아마존 원주민들의 모습이 겹쳐졌다. 다큐멘터리를 본 어떤 이는 "우리가 모르는 부분을 많이 알게 됐다. 그냥 행복해 보였다. 그 안에서 즐거워 보였고 그들의 삶이 부러운 부분도 많이 있었다."고 말했다.

소년이 다시 돌아와 모국어를 힘겹게 배우면서 자신이 어디에 속한 사람인지 진정으로 깨달았듯 문명인은 행복하고, 비문명인은 야만스럽다는 문명인들의 잣대를 휘두르지 않고 각각의 문화를 존중하면서 공존의 질서를 유지하는 것이 너무나 중요함을 느끼게 한다.

바다 건너 세상을 상상만으로 그려 보던 소년은 이제 바다 건너 세상을 떠올릴 수 있게 되었고, 그 두 문화의 차이를 포용하듯 "잘 자." 부드럽게 건네는 인사말이 참으로 평화스러워 보인다. 문명과 비문명의 잣대라는 편견을 거부한 소년의 자유로운 행복을 보며 서로의 다름을 존중하는 포용하는 삶의 자세를 자연스레 전달하는 책이다.

우리 아이들이 문명의 대척점에 서서 우리와 다른 문화에 대해서 반감을 가지는 게 아니라 우리와 다른 문화를 인정하고 존중하며 함께 어울리는 세계관을 인식하게 하는 책이다.

그림책이지만 묵직한 주제를 다루고 있어서 읽는 아이들에 따라 편리한 도시의 삶을 옹호할 수도 있다. 하지만 문명이 닿지 않은 채 살았던 소년의 시선에서 자연이 주는 풍요로움, 그리고 외로움과 자유로움이라는 문명의 또 다른 모습에 대해서도 생각하게 하는 책이다.

김영미 어린이 책을 좋아하여 여러 어린이 출판사에서 모니터 요원으로 활동하고 있으며, 아이들과 함께 책을 읽으면서 새롭게 배우는 것을 즐기고 있다.

큰 기와집의 소원이
우리의 소원이다

큰 기와집의 오래된 소원

이규희 글 | 김종민 그림
키위북스 | 48쪽 | 2011

우리 시대 아픈 전쟁 이야기를 큰 기와집의 시점으로 담담하게 이야기하는 책이다. 점점 잊혀 가고 있는 6.25 전쟁, 아직 끝나지 않은 뼈아픈 현실에서 전쟁의 아픔에 관한 여러 가지 이야기를 생각하게 하는 그림책이다.

작가 이규희는 전쟁으로 사랑하는 가족을 잃은 사람들을 떠올리며 이 책을 만들었다고 한다.

이 책에 나오는 미루 할아버지와 마을 사람들로 상징되는 이산의 아픔을 가진 사람들이 노란 버스를 타고 덜컹덜컹 북쪽 땅을 자유로이 지나는 꿈을 꾸게 하는 희망의 책이다.

미루 할아버지 환갑잔치 다음 날, 평화롭던 마을에 갑작스럽게 대포 소리가 들린다. 할아버지의 침통한 얼굴과 먹색의 기와지붕 그림이 앞으로 닥칠 전쟁을 암시한다. 막연하게 생각됐던 전쟁 이야기가 그림과 함께 좀 더 구체적으로 다가온다.

북쪽 군인들이 붉은 깃발을 들고 서울 한복판에 쳐들어오고 어둠이 짙게 깔린다. 곡식을 달라는 우두머리한테 할아버지는 끌려가게 되고 온몸이 피투성이가 되어 되돌아오지만 결국 숨을 거둔다. 뼈아픈 현실을 받아들이는 동안 큰 기와집은 대들보가 무너진 듯 슬퍼한다. 하지만 기와집은 희망을 잃지 않고 그 자리를 지켜 낸다. 암울했던 우리 시대의 역사를 큰 기와집의 눈으로 바라보니 무거운 전쟁 이야기가 조금은 편안하게 바라봐진다.

"제발 살아서 돌아오세요!"
큰 기와집은 빌고 또 빌었어요.

큰 기와집의 소원은 바로 가족들이 돌아와서 예전처럼 한 지붕 아래 행복하게 사는 것이다. 하지만 현실은 그렇지 못하다. 미루와 정아가 담장 너머로 얼굴을 내밀며 언제 돌아올지 모르는 아버지를 기다리는 마음과 기와집의 마음은 일치한다. 기와집의 소원은 곧 미루네 식구의 소원이고 우리들의 소원이 된다.

압록강까지 올라갔던 국군과 유엔군이 중공군에게 밀려 쫓겨 오게 되고 미루네가 안성 외갓집으로 피난 보따리를 싸 기와집을 떠나게 된다. 여기저기 깨진 기와집은 가족들의 뒷모습을 바라보면서 꼭 돌아오라고 애타게 외친다. 큰 기와집의 마음이 잘 나타나 있는 대목이다. 아픈 역사지만 우리가 기억해야 할 우리의 역사다. 다시는 일어나서는 안 될 비극의 역사를 돌아보게 하며 전쟁이라는 폭력을 생각하게 한다.

미루네가 떠나자 큰 기와집은 북쪽 군인들의 본부가 된다. 붉게 타

오르는 불꽃을 중심으로 북쪽 군인들이 책을 태우는 그림은 눈 내리는 풍경과 어우러져 암울한 시대 모습을 잔잔하게 보여 준다.

큰 기와집은 이제 군홧발로 쿵쿵 돌아다니는 북쪽 군인들 차지가 되었다. 큰 기와집은 차라리 우지끈 주저앉고만 싶었다. 하지만 그럴 수 없었다. 피난 간 식구들이 돌아올 때까지 꿋꿋하게 견뎌야만 했으니까.

큰 기와집이 주저앉고 싶을 정도로 힘들었지만 꿋꿋하게 버텨 내는 이유는 바로 '희망' 때문이다. 피난 간 식구들이 꼭 돌아올 거라는 희망이다. 한 달 후 국군과 유엔군이 서울로 올라와 북쪽 군인들이 북쪽으로 달아나게 되고 큰 기와집에 기다리던 식구들이 다시 돌아오지만 미루 아버지는 결국 돌아오지 않는다.

사람들은 전쟁이 끝났다고 좋아했어요.
하지만 전쟁은 아직 끝난 게 아니었어요.
식구들은 아무도 대문 빗장을 잠그지 않았어요.

책 마지막 장면은 대문이 반쯤 열려 있는 채로 끝이 난다. 지붕이 깨지고 나뭇가지가 꺾이긴 했지만 평화롭다. 그 열린 문으로 전쟁으로 헤어졌던 많은 가족들이 돌아와 함께 덩실덩실 다시 한 번 잔칫날을 벌였

으면 좋겠다. 삐그덕 문을 열고 들어와 전쟁의 아픔을 씻고 서로 하나 되는 그날까지 우리의 소원 노래는 끝나지 않을 것이다.

이 책은 글과 그림이 잘 어우러진 작품이다. 잔칫날 풍경은 평화로움을 더하지만 대조적으로 폭탄이 지붕 위로 떨어져 지붕 한쪽이 날아가는 그림에서는 전쟁의 뼈아픈 현실을 보여 준다. 특히 강아지 복실이가 귀여운 새끼 세 마리를 낳아 마루 밑에서 젖을 주는 장면은 힘든 환경 속에서도 꿋꿋하게 삶을 살아가는 우리 시대의 어머니를 떠오르게 한다.

끝으로 그림책 맨 뒷부분에는 '6.25 전쟁을 알고 있나요?'에 대해 사진과 함께 설명을 덧붙여 우리들의 궁금증을 시원하게 해결해 주고 있다. '끝나지 않은 전쟁 6.25', '피난민들은 어떻게 살았을까?', '6.25 전쟁이 남긴 상처', '이산가족의 슬픔', '비극의 흔적, 휴전선과 비무장지대·판문점'에 대해 참고 자료를 제시하고 있다.

통일 염원의 노래로 민족적 애창곡으로 불리는 '우리의 소원' 동요처럼 『큰 기와집의 오래된 소원』에서는 우리의 소원을 맘껏 노래하고 있다. 우리의 소원이 곧 큰 기와집의 소원과 똑같다는 것을 책을 통해 바로 알 수 있게 된다.

1950년 6월 25일 오래전 그날로 돌아가 60여 년 동안 한결같이 간직해 온 그들의 오래된 소원이 아직 이루어지지 않은 오늘 우리의 소원이 되어 있음을 일깨우는 책이다.

김미아 2000년 광주일보 신춘문예 동화 등단. 사)어린이도서연구회 송탄지회에서 책 읽어 주기 활동을 하고 있다. 작은 도서관에서 활동하면서 틈틈이 동시 작가의 꿈을 키워 가고 있다.

자연만으로도
충분한 삶

하양쥐 가족의 새집

이인 글 | 우덕환 그림
어린른이 | 32쪽 | 2010

　도심 곳곳에 빼곡한 건물들이 들어서기 훨씬 전, 숲과 웅덩이와 개울과 작은 언덕, 구릉과 들녘은 누구 것이었는지 생각해 본 적이 있다.

　수천만 년 세월을 지나온 지구는 아마 여러 종의 생명체를 품었다가 떠나보냈을 것이다. 하지만 지구상에 존재한 생명체 중 인간이야말로 땅이 감당하기에 가장 힘든 종이 아니었을까? 사실 지질학적 시간, 즉 수천만 년 지구 역사의 시각에서 본다면 인간의 시간은 미미하기 짝이 없다. 지구 시간에 비해 말할 수 없이 무력한 존재인 것이다. 그런데도 인간은 땅 위에 사는 수많은 생명 중 자신들이 가장 우위에 있다는 믿음을 갖고, 지금껏 자신 이외 다른 종에 대한 폭력을 자행해 왔다.

　최소 가치로 최대 효과, 최대 이윤을 내야 한다는 식의 경제 논리가 지배하는 자본주의는 지구를 피폐하게 만드는 데 더욱 가속도를 붙였다. 나무를 베어 내고 산을 깎으면서 그것을 어떻게든 많은 돈과 바꾸어 사람에게 이롭게 써야 할지를 생각했다. 그 숲에 살던 다람쥐, 토끼, 고라니들이 어디로 갔는지, 꽃무릇, 상사화, 얼레지꽃들이 어떻게 되었는지는 안중에도 없다. 나무에 둥지를 틀고 알을 낳고 새끼를 키우며 살던 새들은 무사한지, 열매와 벌레는 어떤 것이 있었는지 관심조차 없었다. 그저 나무는 베어다 팔고 산을 깎은 자리엔 건물을 지어 올리는 일에만 열중하고 있었다.

『하양쥐 가족의 새집』은 인간을 위한 개발에 터전을 잃게 되는 생쥐들의 이야기다.

숲속 나무 그루터기에 살고 있는 하양쥐 가족은 숲에서 구해 온 먹이들을 먹으며 행복하게 살고 있었다. 언젠가부터 온 숲을 울리는 요란한 소리가 꽤 오랫동안 들려온다. 작은 몸으로 딛고 선 땅이 몇 날 며칠 흔들리고 쥐들은 불안한 마음으로 그 소음이 그치기만을 기다린다.

얼마 후 꼬마 하양쥐, 미르와 쪼르는 길가 쪽에 죽 둘러쳐진 담장과 그 담장 너머 둥그렇고 뾰족한 놀이기구들을 보게 된다. 그 건물 근처에서 생전 처음 보는 먹을거리도 발견한다. 쥐들은 사람들이 버린 음료수 깡통과 과자 부스러기들, 그 황홀한 맛에 마음을 뺏긴다. 사람들이 버린 쓰레기 더미가 숲에서만 살던 쥐들에게는 새로운 세계였던 것이다. 즐거운 마음도 잠시, 음료수 깡통과 색색의 과자들이 널린 곳을 여기저기 둘러보던 쥐들은 자기 구역을 주장하는 깡쥐 무리에 쫓겨 자리를 뜰 수밖에 없다. 먹을 것을 두고 다툼이 일어나기 시작한 것이다. 인간사와 하등 다를 바 없는 일이 들쥐들 사이에서도 일어나고 있었다. 놀이공원은 밤에도 대낮처럼 불을 밝혔고 사람들은 점점 더 많이 몰려들었다. 사람들이 버리는 쓰레기가 늘어나면서 먹을거리가 넘쳐나자 쥐들은 아예 그곳으로 이사를 오기 시작했고 그 수는 점점 늘어났다. 쓰레기장으로 이사

온 쥐들은 우유팩, 일회용 도시락통, 유리병, 음료수병 등으로 더 멋진 집짓기 경쟁을 한다. 하지만 그런 달콤한 유혹도 잠시뿐이다. 쓰레기 더미에 가득 몰려든 쥐를 발견한 사람들에 의해 뿔뿔이 흩어져 집 잃은 신세가 되고 만다. 다행히 쓰레기장에 들어가지 않고 오히려 자기네 집을 잘 가꾸던 하양쥐 가족이 집 잃은 쥐들을 돌봐 준다.

이 책은 인간에 의한 개발이 자연에 기대어 사는 동물들의 삶을 어떻게 바꾸어 놓는지 분명하게 보여 준다. 쥐들도 사람들과 다를 바 없이 더 좋은 것을 먹겠다고, 더 좋은 집에 살겠다고 수단과 방법을 가리지 않고 싸운다. 또 권력이 가진 힘이라는 것이 얼마나 허망한 것인지 깡쥐 무리를 통해 알 수 있다. 깡쥐들이 다른 쥐들에 비해 강력해 보일지 몰라도 더 큰 권력인 인간 앞에서는 무력함을 드러낼 수밖에 없다.

인간이 가진 (혹은 가졌다고 생각하는) 권력도 마찬가지다. 인류가 지구를 소비하기 시작한지 얼마 지나지 않아 지구 곳곳에서 난개발에 제동을 건 환경 재난들이 시작되었다. 환경 위기설에 맞닥뜨린 자본주의는 환경조차 경제 원리로 해결하려 했다. 그런 식으로 자연에 경제적 가치를 부여하거나 환경을 시장경제에 통합시키려는 노력들은 사실 실패한 것이나 다름없다. 상품화할 수도 없고 재생산되지도 않는 환경을 시장 체제에 포함시킬 수 없는 일이다. 일부 학자들은 인류의 복지 향상을 위해서 인류 사회와 생태계의 지속 가능한 발전을 함께 추구해야 한다는 생각으로 옮겨 간다. 현재는 경제발전이 지구 온난화나 해양오염과 같은 지구적 규모의 환경파괴 문제와 어떤 관계를 갖고 있는지, 생태 보존을 위해 경제활동을 어떤 방식으로든 통제하려는 노력들이 진행되고 있다.

지구 시간에 비해 턱없이 짧은 역사를 가진 인간이 아무리 포악해 봤자 지구에 흠집을 낼 일은 없다고 한다. 안타까운 것은 인간이 자행한 일들의 결과가 더불어 살던 종에게 치명적 피해를 입히고 자신을 먹여 살리는 체제를 스스로 파괴하고 무너뜨리게 만들었다는 사실이다.

이제껏 잊고 있었던 부인할 수 없는 또 하나의 사실은 우리 인간 역시 수천의 다른 종들과 진화적으로 연결된 하나의 종일 뿐이라는 것이다. 지구상 수많은 종의 생명체들의 생활은 환경의 영향을 받는다. 인간 역시 끝없이 다른 종들의 생활을 통제하고 있는 바로 그 '환경'의 영향을 받는다는 점을 기억해야 한다.

현대 사회에 만연한 자본 팽창논리는 인간이 자연에 완전히 의존한다는 사실을 부인하게 만들었다. 그러나 언제든, 얼마든지 자연을 극복할 수 있고 인간에게 유익하게 만들 수 있다고 장담할 일은 아니다. 성장과 발전을 위한 개발이 인류에게 준 환경오염이라는 선물은 이미 수시로 체감할 수 있을 정도로 심각하다.

험상궂은 깡쥐로부터 도망친 미르와 쪼르를 다독이며 아빠 쥐는 이렇게 말해 준다.

"우리는 자연이 주는 선물만으로도 충분하단다."

자연이 주는 선물만으로도 충분한 인간 이외의 종들이 자연만으로도 충분히 지속 가능한 삶을 살 수 있도록 해야 한다. 인간의 삶을 지속 가능하게 하기 위해 다른 종들의 시간을 단축시켜서는 안 된다는 사실을 인지시키려는 노력을 하루빨리 시작해야 할 것이다. 그 노력에 이 책을 보탠다.

김혜진 오랫동안 유아학습지와 전집물에 그림을 그렸다. 그러다 그림책을 만들고 싶어 어린이 책을 읽기 시작했는데 지금은 그림책에 관한 글쓰기와 강의를 하고 있다.

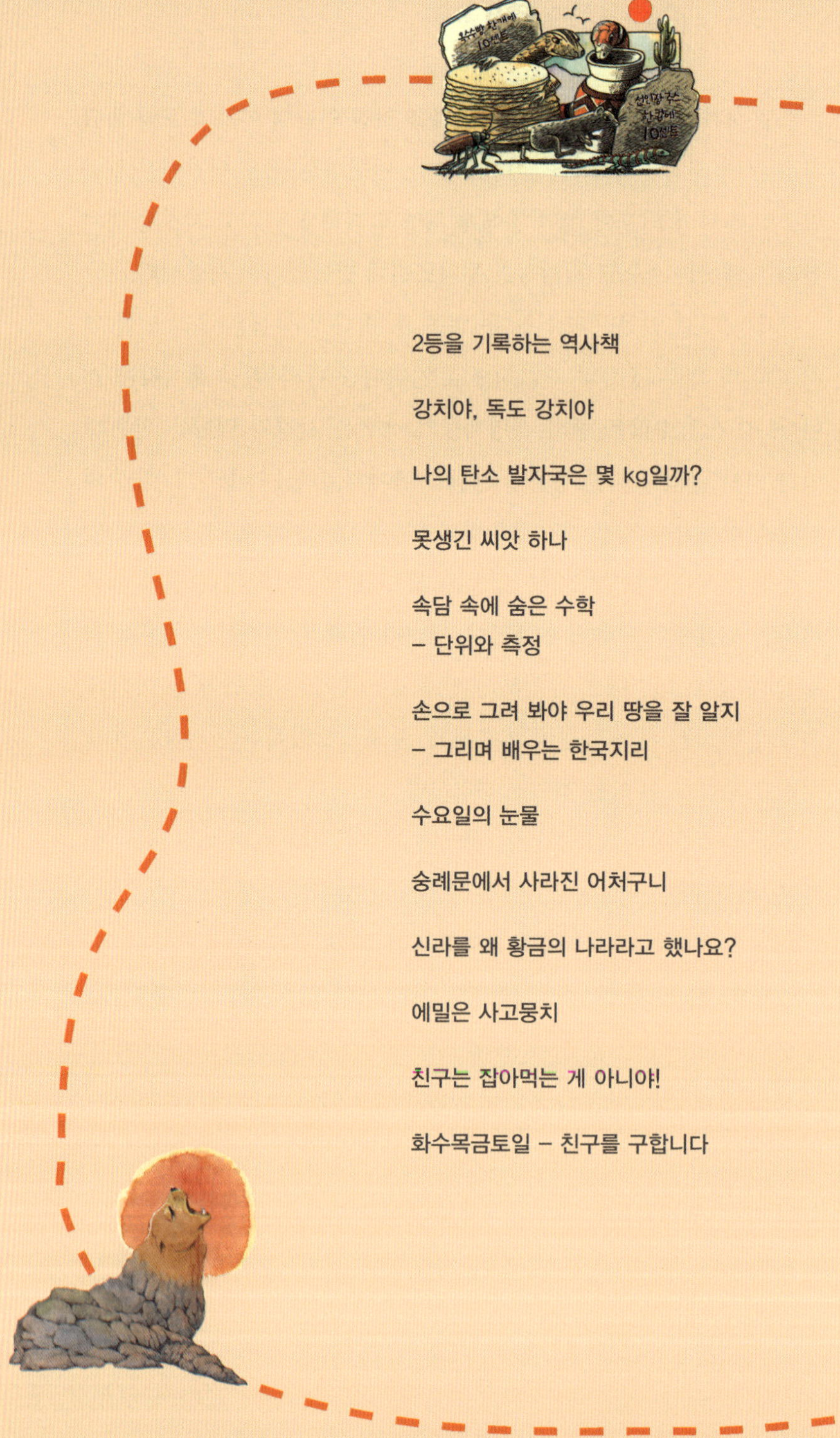

3부 ▶ 3·4학년

숨겨진 **인물**에 **주목**해야 하는 **이유**

2등을 기록하는 역사책

이향안 글 | 신민재 그림
현암사 | 125쪽 | 2012

『2등을 기록하는 역사책』은 유명인에 가려진 당대 인물을 조명한 책이다. 1등만 추켜세우는 세상에 1등 못지않은 노력과 능력을 일군 사람이 바로 옆에 있다고 말한다. 제대로 평가받지 못한 10명의 다양한 삶과 사연을 들여다보고 1등과 2등의 차이가 무슨 의미가 있는지 물어본다. 채색 그림에 실제 얼굴을 오려 붙인 콜라주 기법이 사실과 재미를 더한다. 전집에, 같은 인물 일색인 진기문 가운데 새로운 인물을 주목하는 이 책의 방향이 제법 신선하다. 그렇다면 내용 설명에 무리는 없는지 확인해 볼 일이다.

이 책의 구성은 다음과 같다. 각 인물마다 지은이가 인물의 삶을 통해 말하고 싶은 문제를 꺼낸다. 두 번에 걸쳐 소개하는데 먼저 잘 알려진 일화에 대해 알려 주고 다시 지은이의 눈으로 재평가한다. 마지막으로 내용 이해를 돕기 위해 당시 시대 배경이나 또 다른 인물에 대한 정보를 싣는다. 저학년의 눈높이로 소개하다 보니 내용이 단순하지만 비교적 공정하고 조심스러운 태도로 이야기한다.

1등이 추앙받는 모습은 비슷비슷하지만 2등의 모습은 제각각이다. 인종, 여성 차별 등 시대의 구습으로 아예 기를 제대로 펴지 못한 이도 있다. 나이팅게일과 달리 메리 시콜은 식민지 출신의 흑인이라는 이유로 전쟁 중 간호 활동을 거부당한다. 파니 멘델스존은 작곡가 동생과 각별한 우애를 나누면서도 여자라는 이유로 같은 꿈을 격려받지 못한다. 이들은 이름조차 알려지지 못한 채 평생 1등의 그늘에 묻히다 세월이 흘러 주목받기 시작한 인물이다. 꼭 이름이 알려져야만 위인은 아니다.

반면 1등을 미워한 2등도 있다. 안토니오 살리에르와 원균은 사람들 머리에서 악역으로 기억된다. 모차르트를 독살하고 이순신을 위험에 빠뜨린 인물로 그려진다. 과연 사실일까? 지은이는 당시 상황을 차근차근 짚어 나간다. 두 사람의 성격 차이, 소문이 발생한 충돌, 영웅을 만들고 싶어 하는 세간의 심리 등 이유를 밝힌다. 어떤 시각이냐에 따라 달리 보인다며 1등의 입장이 아닌 전체 맥락에서 보자고, 2등도 출중한 실력을 지닌 인재라고 말한다.

아슬아슬하게 1등을 놓친 경우는

어떨까. 엘리사 그레이는 최초로 전화기를 발명하고도 특허권을 놓친다. 발명의 부와 영예는 먼저 특허권을 신청한 그레이엄 벨이 차지한다. 지은이 말처럼 엘리사는 자신이 만들어 놓고도 전화기의 가치를 믿지 않아서 특허권을 놓친 걸까? 주변의 냉대를 이기지 못한 차이는 아닐까 싶다. 엘리사는 쓰린 가슴을 부여잡고 어떻게 살았을까? 이때만큼은 1등과 2등의 차이가 크게 느껴진다.

하지만 1등을 놓치고도 자신만의 행보를 보여 준 이들이 있다. 리제 마이트너는 30여 년을 바친 공동 연구에도 불구하고 동료만 노벨상을 받는다. 그럼에도 자신이 발견한 핵분열 현상이 원자 폭탄 제조에 사용되는 사실을 가슴 아파하고 평화주의자의 길을 걷는다. 1936년 베를린 올림픽 마라톤 동메달 주자 남승룡은 금메달 주자 손기정에 묻혔지만 마음만은 두 사람이 힘을 모아 조국을 위해 달린 결과라고 말한다. 이후 남승룡은 광복 후 자랑스레 태극기를 달고 다른 마라톤대회에 출전해 나라 없던 설움을 씻는다. 업적보다 마음과 태도가 더 중요하다는 뜻이다.

아쉬운 면도 있다. 삼국사기와 삼국유사의 우열을 가리기보다 서로 다른 매력을 지닌 대상으로, 영국 왕 조지 6세가 어떻게 말더듬이 증상을 극복했는지 자세히 소개했다면 어땠을까. 조지 맬러리와 에드먼드 힐러리 중 누가 먼저 에베레스트 정상을 등반했느냐의 분

쟁보다 꿈과 노력이 더 중요하다는 설명을 좀 더 뒷받침했더라면, 10명을 선택한 기준이나 근거 등도 밝혔더라면 더 좋을 뻔했다.

그럼에도 이 책은 한 가지 분명한 목소리를 낸다. 세상의 평가에 덩달아 흔들리지 말라고 말이다. 사물을 보는 나만의 관점과 시선을 가지라고, 보이지 않는 마음과 과정을 헤아리라고 말한다. 단순히 2등의 삶을 복원하는 데 그치지 않고 왜 2등을 다시 봐야 하는지 알려 주는 것이다. 결과만 중시하고 경쟁이 가열되는 시대에 자라나는 아이들이 알아야 할 중요한 메시지다. 그 점에서 이 책은 기존 전기문의 한계를 인정하고 새로운 지점에 자리한 의미 있는 책이다.

이찬미 도서관에 있는 책을 모두 읽어 버리고 싶은 사서이다. 나이 들면 사는 게 덜 서툴지 않을까 막연한 생각을 한다. 글도 잘 쓰고 싶고 마음 맞는 동지와 공동체도 만나고 싶다.

지켜 주지 못해 미안해, 독도 강치야

강치야, 독도 강치야

김일광 글 | 강신광 그림
봄봄 | 88쪽 | 2010

강치는 독도를 중심으로 동해에 살았던 바다사자의 한 종류로, 해양 생물학자들은 바다사자라고도 부른다. 보통 바다사자보다 1.5배 정도 몸집이 크고 털은 밤색이나 검은빛이다. 독도 어부들은 강치를 '가제'라 해서 독도는 옛날에 '가제도' 또는 '가지도'라 불렸다. 강치들은 독도에서 평화롭게 살았는데, 우리나라가 힘을 잃은 대한 제국 말기에 일본인들이 강지를 무참히게 잡아 죽였다.

『강치야, 독도 강치야』는 이런 역사적 사실을 바탕으로 대왕강치 가족을 중심으로 쓴 강치들의 수난사다. 초등 저학년들이 읽기 쉽게 큼직한 글씨체와 강치와 독도 풍광의 수채화가 어우러진 동화책이다. 강치를 주인공으로 한 의인동화지만 강치의 생태를 깊이 다루거나 환상적인 이야기로 꾸민 동화는 아니다. 강치를 지키지 못한 안타까운 마음이 담겨 있어 읽고 나면 미안하고 숙연해지는 책이다.

글을 쓴 김일광 작가는 포항의 '섬안'에서 태어나고 자라서 형산강과 바다가 들려주는 동화를 주로 썼다. 강신광 그림 작가는 서양화를 전공하고 개인전과 100여 회의 기획전과 단체전을 가졌다. 두 작가의 조화로운 글과 그림은 독도 강치가 겪은 평화로운 모습과 수난의 아픔을 잘 보여 준다.

이야기는 아빠 대왕강치가 태어난 아기 강치 '아라'에게 세상을 살아가는 데 필요한 것을 가르치는 것에서 시작한다. 강치들은 쑥쑥 자라 무리를 이루고 괭이갈매기들과 어울릴 수 있을 만큼 자랐다. 하지만, 강치들의 느긋한 평화와 행복은 오래가지 못했다. 일본인들이 강치를 그대로 두지 않았기 때문이다.

아기 강치 아라가 살던 때는, 우리나라가 힘을 잃고 일본의 식민지로 전락하던 대한 제국 말기였다. 아라는 장난을 좋아하고 새로운 것에 호기심을 갖는 개구쟁이로, 동도에 살던 달이네가 와서 사냥꾼 소식을 전해 주기 전에는 무서울 게 없었다. 파도에 떠밀려 온 어부에게 꽁치 떼를 몰아주어 기운을 차리게 하고, 연기를 피워 배를 불러 떠나는 어부를 바라보며 울릉도에 꼭 가 보고 싶다는 꿈을 꾸는 사랑스러운 강치였다. "동도에는 절대 얼씬도 하지 말라!"는 대왕강치 아빠의 명령을 어기고 동쪽 섬까지 헤엄쳐 가는 말썽도 부리고, 엄마 아빠께 꾸중 듣고 벌을 받아도 바위산에 올라 다이빙 하는 것을 즐겼다. 하지만 껍질이 벗겨진 채 죽은 강치들이 둥둥 떠 있는 붉은 바다를 보고는 큰 충격을 받았다.

대왕강치는 동도에 살던 강치들을 잡아간 사냥꾼들이 닥치기 전에 모두 서도로 옮기고, 날쌘 강치들을 김바위와 보찰바위 및 가재바위에 보초를 세웠다. 강치들은 바위틈, 굴속, 골짜기에 꼭꼭 숨어 굶주림을 견디며 못된 사냥꾼들이 언제 들이닥칠지 몰라 불안해했다. 사냥꾼들이 나타나지 않을 때 바다로 들어가 굶주린 배를 채우는 생활도 오래가지 못했다.

　어느 날 사냥꾼들을 태운 배가 동도와 서도 사이로 들어왔다. 대왕강치는 용감하게 맞서며 강치들에게 더 위로 올라가라고 소리쳤지만, 낮은 바위에 숨은 강치들은 사냥꾼들이 휘두른 막대기에 겁을 먹고 바다로 뛰어내렸다. 바다에 뛰어들었던 강치들은 사냥꾼들의 그물에 모두 잡혔다. 대왕강치는 달려들어 그물을 찢고 강치들을 구하려다 사냥꾼들의 창에 찔렸다. 창에 찔린 대왕강치는 강치들을 꼭꼭 숨어 있게 했지만, 사냥꾼들은 서도를 빙빙 돌면서 강치들이 눈에 띄면 닥치는 대로 잡아갔다. 대왕강치는 강치들을 지키려고 애썼지만, 사냥꾼의 그물에 잡혀 울부짖는 아기를 구하려던 엄마들까지 구하지는 못했다. 울부짖는 아기 강치를 미끼로 엄마 강치들을 끌어들인 사냥꾼들은 잔인하고 포악했다. 대왕강치는 사냥꾼들의 총에 맞아 숨을 거두면서도 아라와 달이에게 "너희들은 독도 강치다. 바다처럼 이 돌섬을 넉넉하게 품고 지키라."고 외쳤다. 아라는 아빠 말씀을 가슴에 새기며 돌섬을 지키겠다고 다짐하지만 끝내 살아남지는 못했다.

　우리가 힘이 없어 나라를 빼앗겼던 1905년부터 8년간 일본 어업 회사가 강치 고기와 기름 및 가죽을 얻으려고 무려 1만 4천여 마리를 잔인하게 잡아 죽였다고, 저자는 머리말에서 밝혔다. 기록으로 알려진 수 외에 일본인들 손에 죽임을 당한 강치는 또 얼마나 많았을지 생각할수록 안타까운 일이다. 일제 강점기 일본의 수탈은 사람과 식량뿐 아니라, 바다 생물인 강치까지도 씨를 말려 버렸다. 일본의 무자비한 강치 남획은 결국 우리가 힘이 없었기 때문이고, 우리의 무관심으로 독도 바다의 강치를 보호하지 못했다. 강치의 멸종으로 우리는 소중한 수산 자원을 잃었고, 자유롭고 평화롭게 살아갈 바다 생명이 사라져 갔다.

작가는 일본인들에 의한 독도 강치 수난사를 그리며, 우리의 무관심 때문에 잃어버리기 전에 지키려는 노력을 게을리해서는 안 된다는 사실을 일깨운다.

독도 강치를 역사 기록으로만 알고, 실제로 볼 수 없다는 것을 부끄러운 마음으로 돌아보게 한다. 지금 우리가 볼 수 있는 유일한 강치는 일본 시네마 현 박물관에 박제로 만들어져 전시된 것뿐이다. 일본은 강치를 멸종시킨 자신들의 잘못을 부끄러워하거나 반성하지 않고, 여전히 독도를 자기네 땅이라고 주장한다. 기억하지 않는 역사는 되풀이된다고 했다.

눈앞의 이익에만 급급해 먼 앞날을 내다보지 못한다면 우리의 불행한 과거는 언제고 재현될 수 있음을, 후세들에게 역사를 제대로 가르치지 않고 올바른 역사관을 심어 주지 않는다면, 우리는 스스로 불행한 미래를 또다시 자초할지도 모른다는 사실을, 우리가 힘이 없어 지키지 못했던 강치에게 "지켜 주지 못해 미안해, 독도 강치야!"라는 미안한 고백도 반복해선 안 되겠다는 사실을 일깨운다.

이순옥 광주에서 늘푸른작은도서관을 운영하며, 책으로 이웃과 소통하는 삶을 즐긴다. 유아들에게 그림책을 읽어 주고 책 놀이를 하면서 정화되는 느낌이 참 좋단다.

탄소 발자국을 줄이는 **착한 습관,** 지금부터 **시작해요**

나의 탄소 발자국은 몇 kg일까?

폴 메이슨 글 | 마이크 고든 그림 | 이충호 옮김
다림 | 96쪽 | 2011

탄소 발자국은 무엇일까? 『나의 탄소 발자국은 몇 kg일까?』는 발자국과 kg, 서로 연결되지 않는 두 낱말을 고리로 걸어 지구 온난화에 대한 이야기를 풀어내는 책이다.

탄소 발자국(carbon footprint)은 우리가 일상적으로 쓰는 연료, 물건, 식품 등 모든 것이 생겨날 때부터 버려질 때까지 직간접적으로 발생하는 이산화탄소의 양이다. 내가 쓰는 종이컵 하나에도 탄소 발자국은 생겨나는데, 우리는 살아가면서 어쩔 수 없이 탄소 발자국을 남기고 있다. 이렇게 배출된 탄소 발자국은 지구를 점점 뜨겁게 만들고 세계 곳곳에서 일어나는 태풍, 홍수, 지진 같은 기상 이변과 자연 재해의 원인이 된다.

'나의 탄소 발자국은 몇 kg일까?'라는 의문형의 책 제목처럼 작가는 책을 읽는 내내 "너의 탄소 발자국은 얼마일 것 같니?"라고 질문을 던진다. 우리는 책을 읽는 동안 작가가 던진 질문에 대해 하나씩 답하면서 탄소 발자국이 우리 삶에 어떤 영향을 미치는지, 내가 배출하는 탄소 발자국은 몇 kg인지, 탄소 발자국을 줄이는 방법은 무엇이 있는지 생각해 보게 된다.

초등 중학년 이상의 독자를 대상으로 하는 이 책은 지구 온난화라는 이미 진행되고 있는 문제에 대해 각각의 예를 들어 보여 준다. 아이들이 쉽게 이해할 수 있도록 환경, 사람, 에너지, 여행, 식품, 가정, 쇼핑 등 우리를 둘러싼 주변의 이야기들로 풀어 나가면서 지구 온난화와 그 해결 방안에 대해 고민해 볼 수 있도록 꾸몄다.

'똑똑똑, 문 앞에 다가온 재앙?'에서는 세계 각지에서 일어나는 자연 재해를 하나하나 거론해 가며 문제의 심각성을 느끼게 한다. 왜, 이런 일이 일어나는지, 지구 온난화를 일으키는 주범은 누구인지 생각해 보게 된다.

'얕은 발자국 또는 깊은 발자국'에서는 늘어나는 인구와 경제 발전, 편리함을 좇는 생활 방식으로 더 깊어지는 탄소 발자국을 예로 들었다.

'화석 연료와 대체 에너지원'은 우리가 평소에 쓰는 에너지원에 대해 생각해 보게 한다. 전기, 석탄, 석유, 천연가스, 수력, 지열, 태양 에너지, 풍력, 원자력, 땔감 연료, 소중한 나무 등 에너지원마다의 장점과 단점을 비교했다. 'Test yourself' 페이지에서는 전기 제품을 사용한 시간을 스스로 테스트해 볼 수 있다.

'C를 피하면서 A에서 B로 가는 법'에서는 C(탄소)를 배출하지 않으면서 이동할 수 있는 수단에 대해 고민한다. 기차를 탈 경우 배출되는 이산화탄소의 양과 버스를 탈 경우 배출되는 이산화탄소의 양을 비교하는 것처럼 여러 가지 교통수단과 그 교통수단을 이용할 경우에 배출되는 탄소의 양을 다양한 예를 들어 설명한다.

'식탁 위의 탄소 발자국'에서는 식품 생산에 드는 탄소 비용을 계산해 본다. 우리 식탁에 오르기까지 생산과 운송, 포장에 드는 탄소 비용은 얼마일까? 탄소 발자국을 얕게 하기 위해 우리는 어떤 식품을 어디에서 사야 할지, 쓰레기는 어떻게 재활용해야 하는지 일러 준다.

'문제는 발자국이 아닌 발굽 자국?'은 우리가 먹는 육류와 탄소 발자국의 관계에 대해 설명한다.

'줄줄 새 나가는 집 안의 에너지'에서는 집 안에서 쓰는 에너지를 줄일 수 있는 다양한 방법들을 보여 준다. 'Test yourself'를 통해 내가 집 안에서 남기는 탄소 발자국이 어느 정도인지 점검해 볼 수 있다.

'쇼핑백에 담긴 탄소 발자국'은 물건을 사면서 남기는 탄소 발자국을 살펴본다. 어떤 제품이 탄소 발자국이 얕은지, 녹색 발자국을 남기기 위해서는 어떤 방법으로 쇼핑해야 하는지 일러 준다.

책의 마지막에는 '나는 환경 우등생일까, 낙제생일까?' 생각해 보게 하는 퀴즈가 있다. 퀴즈를 풀면서 나의 생활 습관이 녹색 발자국을 남

기는 환경 우등생인지, 탄소 발자국을 깊게 남기는 환경 낙제생인지 생각해 볼 수 있다.

이 책은 지구 온난화와 이산화탄소 배출의 연관 관계를 밝혀 나가기 위해 일상에서 쉽게 볼 수 있는 것에서부터 접근해 조금씩 의미를 확장해 나가는 구성으로 꾸며 초등학생들이 읽기에 어렵지 않다. 책을 읽는 것에서 그치지 않고 하나하나 실천해 갈 수 있도록 예시해 환경에 대한 바른 자세를 가질 수 있도록 배려했다.

'~했어요, 하지요'처럼 눈앞에서 말하고 있는 듯 다정한 말투를 사용해 지루하지 않게 책을 읽을 수 있다. 또 모든 페이지마다 삽화를 그려 넣어 그림을 보는 재미도 있으며, 만화처럼 말풍선이 그려진 그림은 아이들에게 흥미롭게 받아들여질 수 있다.

각 단락마다 '등골이 오싹해지는 통계' 그래프를 삽입해 한눈에 파악할 수 있도록 꾸민 것도 이 책의 장점이다.

이야기를 풀어 나가면서 'Test yourself', 나의 녹색 발자국, 퀴즈 등 다양한 읽을거리들이 함께 들어 있어 재미있게 읽을 수 있다.

『나의 탄소 발자국은 몇 kg일까?』는 초등학생들이 쉽게 읽으면서 환경 문제에 대해 생각해 볼 수 있는 책이다. 작가는 독자들에게 말한다. 탄소 발자국을 줄이는 착한 습관을 지금부터 시작하자고.

장은주 그림책과 동화책을 읽는 어른이다. 평택시민신문에 그림책 이야기를 쓰고, 기쁜어린이도서관에서 중학생들과 함께 책 읽는 모임 '청개구리'를 꾸리고 있다.

못생긴 씨앗도
있을까?

못생긴 씨앗 하나

질 아비에 글 | 정지음 그림 | 이주영 옮김
책속물고기 | 84쪽 | 2012

씨앗이라고 하면 생긴 모양이 거기서 거기 아닌지 싶다. 동그랗거나 길쭉하거나, 크거나 작거나 생긴 모습이 대체로 비슷할 것이다. 만져 보면 단단하거나 거칠거칠 아니면 매끈한 것 또는 깃털 같은 것이 붙어 있을지 모른다.

동화집 『못생긴 씨앗 하나』는 왜 '못생긴 씨앗'인지 궁금함을 자아내게 한다.

이 책에 나오는 주인공 이고르는 일 년에 단 두 차례, 자기 생일과 성탄절에 선물 받는 기쁨으로 웃는 불평쟁이 남자아이다. 자신 외의 친구나 동생 등 다른 사람들을 조금도 배려할 줄 모르는 이기적인 성격을 갖고 있기도 하다. 이런 이고르가 어떻게 다른 사람들과 잘 지내게 되는지 그 과정을 흥미롭게 그리고 있다.

이고르는 열한 번째 생일을 맞아 오랜만에 자신의 방을 말끔하게 정리한다. 이고르의 깜찍한 여동생인 엘레나는 그런 오빠의 속셈을 지레 알고 있다. 오빠 이고르는 친척들이 주게 될 적어도 열다섯 개는 될 선물 꾸러미들을 놓을 자리를 미리 치워 놓고 있는 것이다.

이처럼 이고르는 제 잇속 챙기기에 어떤 누구보다도 약삭빠르다.

드디어 생일 아침, 갖가지 맛있는 음식들이 식탁에 가득 차려지고 친척들이 선물을 가지고 방문한다. 이고르는 들뜬 기분을 어쩌지 못한다. 엘레나는 이고르의 선물을 창고 안에 놓인 탁구대에 하나하나 쌓아 놓는다.

쌓인 선물들은 점심 식사를 마친 뒤, 풀어 보기로 되어 있다. 선물이 궁금해서 마음이 조급한 이고르에게 외할아버지의 방문은 반갑지 않다.

외할아버지는 외할머니가 돌아가신 뒤 산속 오두막에 혼자 지내면서 텃밭을 가꾸고 가축을 기르신다. 슈퍼마켓에서 파는 것이라면 사지 못하게 하는 고집스런 외할아버지. 이고르는 이런 외할아버지에게 결코 선물을 기대하지 않는다.

외할아버지는 도착하지 않았고 이고르와 가족, 친척들은 점심 식사를 마친 다음 창고 안에 쌓아 둔 선물을 풀기 위해 창고로 들어선다. 그런데 탁구대 위는 비로 쓸어 낸 듯이 비어 있다. 그리고 창고 안쪽 구석진 곳에 땅딸막한 키에 수염이 길고 짙은 눈썹에 눈빛이 날카로운 외할아버지가 서 있다. 크고 작은 선물 꾸러미들을 이미 외할아버지가 타고 온 트럭에 실어 놓은 뒤이다. 대신에 낡은 성냥갑을 꺼내 이고르에게 건

네준다. 이고르는 성냥갑 속에 선물을 모두 합한 것보다 비싼 황금 조각이 있을지 모른다고 생각한다. 하지만 낡은 성냥갑에는 작고도 못생긴 씨앗 하나가 들어 있다.

"씨앗 하나! 겨우 못생긴 씨앗 하나예요!"
씨앗은 반쯤 말라 비틀어져 있었고 칙칙한 갈색이었다. 크기는 개암나무 열매만 했다.
"그래, 하지만 네가 그 씨앗을 심어 잘 돌보면 씨앗에서 잎이 나고, 꽃이 피고, 열매가 하나 열릴 거야. 그 열매를 내게 주면 네 선물들을 돌려주마." (본문 31쪽)

이고르는 오직 외할아버지가 가져가 버린 선물 꾸러미들을 돌려받기 위해 정성을 다해 씨앗을 심고 돌보기로 마음먹는다. 떼를 쓴다고 해도 외할아버지한테는 통하지 않는다는 것을 알기 때문이다.

이고르는 못생긴 씨앗이 얼만큼씩 자라는지 자로 재는 수고 등을 마다 하지 않는다. 드디어 잎이 돋아났다. 그런데 식물을 더 자라게 하려면 착한 일을 하지 않으면 안 되었다. 공교롭게도 착한 일 한 가지를 할 때마다 식물은 좀 더 자라 있기 때문이었다.

이고르는 오직 착한 일을 일부러 찾아내 해야만 한다. 그래야 마침내 외할아버지 트럭에 싣고 가 버린 선물들을 되찾을 수 있기 때문이다. 이고르가 정성을 기울인 덕분에 마침내 작고 못생긴 씨앗은 싹을 틔우고 열매를 맺기에 이른다.

이기적인 데다가 끝없이 불평을 늘어놓던 이고르는 '못생긴 씨앗 하나'에 관심을 기울이고 사랑을 주며 보살피는 동안, 자신의 작은 행동이나 말이 다른 이들을 얼마나 기쁘게 하는지 스스로 깨달아 간다.

처음에는 외할아버지 집에 가 있는 생일 선물 꾸러미를 돌려받기 위해서였지만 정성을 다해 식물을 가꾸는 동안 남을 배려하는 마음 또한 무럭무럭 자란 것이다.

주인공인 이고르의 심술기와 이기적인 마음과, 엘레나의 애교스러움이 개성 있게 표현되었고 이야기의 아귀 또한 자연스럽게 잘 들어맞아 있어 술술 잘 읽히는 이야기다. 무엇보다 이고르가 씨앗을 키우면서 다른 사람을 진심으로 이해했고, 배려하는 아이가 되었다는 이야기가 명쾌하고도 무겁지 않은 그림과 함께 책 읽는 재미를 더해 주는 책이다. 초등 저학년에서 중학년 정도 어린이들에게 누군가에게 진심으로 정성을 다하면 그것이 스스로를 변화시키는 힘으로 작용한다는 사실을 일깨우는 책이다.

이상교 서울에서 태어나 강화에서 성장했다. 1974년 조선일보와 1977년 조선일보, 동아일보 신춘문예에 동화 및 동시 부분 입·당선되었다. 글책, 그림책, 동시 등 다양한 글을 쓰고 있다. 세종아동문학상, 한국출판문화상, 박홍근 아동문학상을 수상했다.

역사와 문화 속에서 만만하고 말랑한 수학을 만나다

속담 속에 숨은 수학
– 단위와 측정

송은영 글 | 최현묵 그림
봄나무 | 148쪽 | 2013

학부모들은 아이들이 초등학교 고학년으로 올라갈수록 학습과 관련된 책이나 지식 독서를 권한다. 아이들은 변함없이 재미있는 책을 원하는데도 말이다. 그런데 두 가지 바람을 모두 들어줄 수 있는 책을 고르기는 쉽지 않다.

그런 면에서 『속담 속에 숨은 수학』은 두 가지 바람을 어느 정도 만족 시킨 책이라고 할 수 있다.

이 책은 연작으로 기획된 『속담 속에 숨은 수학』 시리즈 중 첫 번째 편으로 단위와 측정에 관한 내용을 다루고 있다. 정감 있는 캐릭터들이 귀엽고 신 나게 등장한 표지는 아이들이 수학이라는 말에 거부감을 느끼지 않을 수 있게 제목 서체조차 "수학이라도 골치 아프지 않아요."라고 말하는 듯 자유롭게 느껴진다.

전체 이야기는 크게 일곱 장으로 구성돼 있지만 각 장의 비중이 같지는 않다. 첫 번째 장인 '조밥에도 큰 덩이 작은 덩이가 있다'는 전반적인 도량형에 관한 이야기이다.

단위와 측정을 조금 더 어렵고 전문적인 말로 하면 도량형이라고 한다는데 도량형이라는 말만 듣고 주눅 들 필요는 없다. 도량형에서 도(度)는 자로 길이를 잰다, 량(量)은 되로 부피를 잰다, 형(衡)은 저울로 무게를 단다는 뜻이라고 간단하고 쉽게 풀어 준다. 수학이 우리 생활과 밀접한 관계를 맺고 있다는 것을 알려 주는 것이다. 이렇게 도량형의 의미를 살펴보는 것을 시작으로 물물교환이나 자연재해인 홍수 등을 통해 사람들이 공통 단위의 필요성을 인식하게 되었다는 사실도 알려 준다. 수학적인 이야기보다 역사적인 이야기가 주를 이루지만 이 이야기 속에서 아이들이 단위와 측정이 우리 생활에 왜 필요한지 이해할 수 있게 해 준다.

첫 번째 장이 전반적인 도량형에 대한 이야기라면 나머지 장은 각각의 단위에 관한 이야기다. '내 코가 석 자'의 길이 단위를 비롯하여 '천리 길도 한 걸음부터'는 거리 단위, '벼룩의 등에 육간대청을 짓겠다'는 넓이 단위, '되로 주고 말로 받는다'는 부피 단위, '남아일언 중천금'은 무게 단위 '백 년을 다 살아야 삼만 육천 일'은 시간 단위에 대한 이야기이다.

길이와 거리, 넓이, 부피 단위는 장을 따로 분리했지만 서로 통하는 내용이 많다. 이 장들에서는 앞에서 미처 다루지 못한, 세계가 미터법을 쓰게 되기까지 동서양의 도량형 역사와 과정을 역사적인 사건을 곁들여 가며 자세하게 설명한다. 동양은 손을, 서양은 발을 사용했다는 것이 다르지만 동양과 서양 모두 처음으로 사용했던 단위 기준이 사람 몸이었다는 것은 흥미롭다. 사람 몸의 크기는 천차만별이어서 사람들

은 명확한 기준이 있는 단위를 만들려고 노력했고 그래서 처음 고안한 것이 곡식을 넣어 길이를 재는 '황종관'이라는 악기였다는 사실도 아이들의 호기심을 자극할 만하다. 이야기를 읽다 보면 아이들도 '단위와 측정이 이렇게 간단하고 쉬웠나?' 하는 생각이 절로 들 만큼 귀에 익은 속담을 곁들여 맛있게 버무려 놓았다.

수학에서 살짝 비켜난 이야기도 눈길을 끈다. 우리가 지금도 쓰고 있는 평(坪)이라는 단위를 만든 사람이 임진왜란을 일으킨 일본인 도요토미 히데요시란다. 일본을 통일했던 도요토미 히데요시는 자신을 도와 공을 세운 부하들에게 땅을 주면서 그 땅을 헤아릴 새로운 단위인 평(坪)을 만들었고, 그 단위가 일제 강점기를 통해 우리나라에까지 전해졌다는 이야기다.

이 책은 기본적으로 수학의 기본 원리를 깨치게 하는 데 그 무게를 두고 있지만 단순히 수학적인 영역에만 머무는 것이 아니라 우리 아이들이 알아야 할 역사와 문화, 과학 등 다양한 지식도 고루 담고 있다. 이런 특징은 무게와 시간의 단위를 다룬 장에서 더 눈에 띈다. 질량과 무게, 중력의 개념을 알려 주면서 딱딱하지 않게 에베레스트 산처럼 높은 곳에서 몸무게가 줄어드는 이유를 관련지어 설명한다. 금과 함께한 인류 역사와 금이 변하지 않는 경제적 가치를 지니는 이유 등도 IMF 당시 '금 모으기 운동'을 펼쳤던 이유와 관련지어 설명한다. 이와 더불어 양력과 음력이 생기게 된 과정을 비롯하여, 윤달이 생기게 된 내력 등을 소상하게 다룬다. 또한 우리 조상들이 사용했던 24절기와 띠별로 나눈 12시진도 일목요연하게 분류해 놓았다. 마지막으로 시간 단위가 60진법을 사용하게 된 내력, 그리고 시간과 거리 단위를 합쳐 만든 단위, 빛이 1년 동안 쉼 없이 내달린 거리, 광년(光年)의 이야기로 책은 마무리 된다.

아이들에게 도량형이 어렵지 않고 만만하다는 것을 알려 주기 위해, 저자가 우리 조상들의 삶과 지혜가 담긴 속담 속에서 수학적인 것을 뽑아내기 위해 얼마나 고심했는지는 밝혀 놓은 방대한 참고자료만 봐도 알 수 있다.

책 속에 숨어 있는 매력을 하나하나 꺼내서 보여 줄 수는 없어도 그 덕분에 이 책은 무조건 외워서 푸는 수학이 아닌, 원리부터 이해할 수 있도록 돕는, 흥미진진한 이야기 수학이 되었다고는 말할 수 있겠다. 길지도, 어렵지도 않은 설명은 신기하게도 수학을 공부한다는 생각이 들지 않게 하는 힘이 있다. 이야기가 가진 힘이기도 하고, 더불어 적당한 크기의 글자와 여백, 선명한 색과 재치 있는 그림을 효과적으로 배치해서 지루하지 않게 한 편집의 힘이기도 하다. 그렇다고 읽고 보는 재미를 앞세워 학습적인 면이 모자라게 하지도 않았다. 대부분의 아이들이 어렵게 여기는 단위 바꾸는 방법을 '어떤 수에 1을 곱해도 그 값은 변하지 않는다.'는 원리를 이용해 푼다든가 사각형 넓이 구하는 공식만으로 여러 가지 도형 넓이를 쉽게 구할 수 있게 설명하는 것도 저자가 수학 전문가이기에 가능했으리라 짐작하게 한다. 이 책은 아이들이 교과서에서 만나는 수학의 기본 원리를 쉽고 재미있게 다루어 통합 교과형 사고력을 키우는 데 적절하게 도움을 준다.

최영미 어린이를 가르치며 어린이를 통해 세상을 보고 좋은 어린이 책을 쓰고 만들기 위해 애쓰고 있다. 쓴 책으로 『연두와 밀루』, 『꿈 성장판이 열렸어요』가 있다.

지도를 들고 **떠나 보자,** 세상의 **중심**이 되어 **나가자**

손으로 그려 봐야 우리 땅을 잘 알지
–그리며 배우는 한국지리

구혜경, 정은주 글 | 김효진 그림
토토북 | 208쪽 | 2011

지도는 종이 위에 그리는 땅 그림이다. 익숙하지 않은 기호, 알 수 없는 선들로 이루어져 있지만 자세히 들여다보면 그 안에는 산과 강과 사람들이 사는 마을이 들어 있다. 한국지리를 처음 배우는 초등학생들은 방위, 축척, 등고선, 기호 등 지도 안에 숨어 있는 그림을 찾는 것을 어려워한다. 또 내가 살고 있는 고장에서 나아가 우리 국토와 그 땅의 이야기를 이해하는 것이 쉽지만은 않다.

『손으로 그려 봐야 우리 땅을 잘 알지』는 초등학생이 쉽게 이해할 수 있는 지도의 모든 것과 우리 땅에 대한 이야기를 들려준다. 우리 국토는 어떤 모습인지, 지역마다 전통으로 간직하고 있는 것은 무엇인지 우리나라 곳곳의 이야기를 직접 지도를 그리면서 그림과 사진으로 보여 준다. 이해를 쉽게 하기 위해 초등학생을 주인공으로 한 여행 이야기로 꾸미고 다정한 대화체로 이야기를 풀어 나간다.

희원이와 윤재는 여름방학을 맞아 할아버지와 전국일주를 떠나기로 한다. 기관사였던 할아버지와 기차를 타고 전국을 여행하기에 앞서 엄마와 먼저 지도를 공부한다. 첫 장 '지도와 사귀자-엄마랑 지도를 공부해요'에서는 방위, 축척, 등고선, 기호에 대해 알려 준다. 땅의 모습을 표현하는 지도 안의 공식을 일러 주면서 엄마와 아이들은 고구마를 이용해 등고선을 만들어 보는 실험을 하기도 한다. 또 '너희도 그려 봐!, 너희도 칠해 봐!' 등 여백을 주어 직접 그려 볼 수 있도록 유도한다. 첫 장에서는 엄마와 희원, 윤재가 주고받는 대화를 따라가다 보면 지도에 대해 조금씩 알게 되고 지도를 읽는 방법을 자연스럽게 터득할 수 있다.

둘째 장 '지도를 그려 볼까?-할아버지랑 우리나라 곳곳을 다녀요'에서는 전국 일주 여행담으로 꾸민 우리나라 이야기이다.

우선 호랑이를 닮은 우리나라 지도를 먼저 이야기한다. 우리 국토의 모습, 행정구역, 산맥, 강의 모습을 큰 그림으로 그리게 한다. 그리고 '한눈에 보는 우리나라' 지도를 따라 그리도록 지도 위에 투명한 종이를 덧붙여 놓았다. 이어 서울에서부터 시작해 경기도, 강원도, 충청남북도, 전라남북도, 경상남북도, 제주도까지 전국 곳곳을 다니면서 지역마다 간직한 역사적 이야기, 문화재, 특산물, 자연 생태까지 꼼꼼하게 이야기한다. 문화유적을 소개할 때는 역사적인 배경을, 특산물을 소개할 때는 왜 이 지역에서 이런 특산물이 나게 되었는지까지 친절하게 설명한다.

지역마다 이야기의 마지막에는 '경기도를 그려 보아요, 충청북도를 그려 보아요'처럼 점선을 따라 그릴 수 있는 지도를 배치하고 명소와 특산물 스티커를 붙이도록 꾸몄다. 할아버지와 아이들이 이야기를 나

누면서 덧붙이는 설명은 이해가 쉽도록 페이지마다 수첩 모양으로 꾸며 따로 붙였다.

둘째 장의 마지막에는 '북한도 우리 땅, 친구야'를 두어 단군 이야기, 고구려, 고려로 이어지는 북한 땅의 역사 이야기와 현재 북한의 명소와 특산물도 소개한다. 사진과 그림으로 볼 수밖에 없는 아쉬움을 담고 있지만 여전히 우리의 형제와 동포가 살고 있는 곳으로 생각하게 한다.

둘째 장이 우리 국토의 구석구석을 소개했다면 셋째 장 '지도야, 더 알고 싶어-지도박물관에서 세계지도를 그려요'에서는 여행을 통해 친해진 지도 이야기를 정리한다.

할아버지와 아이들은 여행의 마지막을 지도박물관에서 정리한다. 지도박물관에서 대동여지도를 찾아보고 옛 지도의 아름다움에 감탄한다. 또 옛 지도에 담긴 옛날 사람들의 생각을 엿보면서 여행을 마무리한다.

이 책은 초등학생들의 지리교육서로 좋은 점이 많다.

첫째, 대화체로 된 내용 설명이 지루하지 않고 자세하다. 주고받는 대화내용을 따라가다 보면 무조건 외워야 하는 어려운 사회 과목이 아니라 재미있게 이야기로 익힐 수 있는 장점이 있다.

둘째, 눈으로 보고 익히는 것뿐만이 아니라 직접 손으로 그려 보게 해 더 쉽게 익히도록 배려했다. 각 지역을 둘러보고 난 후 내용을 정리할 수 있도록 손으로 지도를 그려 볼 수 있게 하고 명소와 특산물 스티커를 붙여 보는 재미를 두었다.

셋째, 첫 장 지도 공부에서부터 시작해 둘째 장 전국 곳곳에 대한 역사 지리 정보, 셋째 장 옛 지도와 세계지도를 통해 세계관을 일깨워 주는 구성이 일목요연하다.

> "둥근 지구에는 위아래는 물론 반드시 어떤 부분이 중심이라는 정해진 기준도 없단다. 우리 스스로가 우리를 중심으로 생각하는 일이 중요해. 그동안 보아 왔던 세계지도에서 우리나라는 유라시아 대륙의 끄트머리에 매달린 작은 나라였지만 지도를 거꾸로 놓고 보면 대양을 향해 힘차게 뻗어나가는 모습이 된단다."

저자는 할아버지의 말을 빌려 단순히 지도를 읽는 것에서 나아가 자신만의 눈으로 세계를 바라보도록 조언한다. 책의 첫머리에 밝혔듯이 우리나라 구석구석을 떠올려 볼 것, 지도를 그리고, 색칠하고 이름을 쓸 것, 위치를 확인하고 스티커를 붙여 볼 것, 마지막으로 책에서 본 우리나라 명소 가운데 어디를 직접 가 보고 싶은지 생각해 볼 것, 그리고 꼭 가 볼 것!! 이라고 쓰면서 지도 공부의 궁극적 목표가 결국 지도를 들고 떠나 볼 것, 세상의 중심이 되어 나아가는 것이라고 말한다.

장은주　그림책과 동화책을 읽는 어른이다. 평택시민신문에 그림책 이야기를 쓰고, 기쁜어린이도서관에서 중학생들과 함께 책 읽는 모임 '청개구리'를 꾸리고 있다.

결코 잊지 **않겠다는,**
계속 **싸우겠다**는 **다짐**의 **눈물**

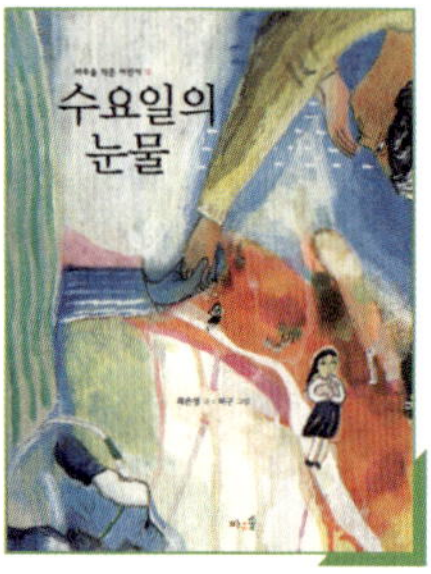

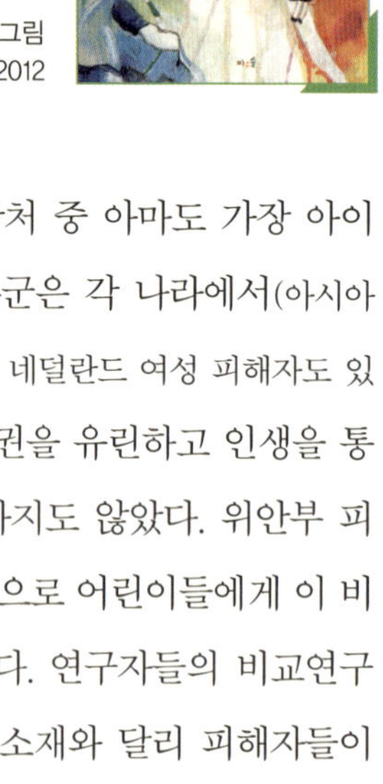

수요일의 눈물
최은영 글 | 허구 그림
바우솔 | 103쪽 | 2012

일본군 위안부 문제는 우리 역사의 아픈 상처 중 아마도 가장 아이들에게 설명하기 어려운 부분이 아닐까. 일본군은 각 나라에서(아시아 여성들에게만 해당되는 것도 아니었다. 생각지 못한 네덜란드 여성 피해자도 있었다.) 수많은 여성들을 성적으로 학대하고 인권을 유린하고 인생을 통째로 짓밟고도 인정하지도 사과하지도 배상하지도 않았다. 위안부 피해 아픔을 안고 있는 다른 나라에서는 어떤 식으로 어린이들에게 이 비극적 사실을 설명하고 있는지 궁금하기도 하다. 연구자들의 비교연구가 필요한 부분이 아닐까 한다. 다른 역사적 소재와 달리 피해자들이 성적 학대를 받는 부분을 어린이들이 보는 책에서는 언급하기가 참으로 난감하다. 창작자 입장에서는 아직 피해 당사자들이 살아 계신지라 개인적인 명예나 수치심도 걸린 문제이니 여러 가지로 조심스럽다. 끔

찍한 성폭행 장면이 있는 상황은 어린이들에게 구체적으로 묘사하기가 어렵고 은유적으로 표현하다 보면 그 아픔이 생생히 전해지지 않아 어린이들이 그 심각성을 제대로 이해하지 못할 수 있다. 그야말로 우왕좌왕하다가 죽도 밥도 아니게 되기 십상이다. 그동안 한국 아동문학에서 이 문제가 여러 차례 작품으로 나온 바가 있는데 그 어려운 이야기를 다룬 작가들의 고뇌에 위로를 보낸다.

『수요일의 눈물』에서 작가 최은영은 가정폭력 피해자인 아이를 나눔의 집으로 단기간 입주시키는 전략을 사용하였다.

이것은 최 작가만의 색다른 접근방식이다. 어린이 주인공이 위안부 할머니의 이야기를 듣고 그 아픔을 관찰자 입장에서 듣는 구조는 이미 많이 사용되었다. 그럴 경우, 할머니의 이야기는 회고성이 되어 현장감을 잃고 진행될 수밖에 없고 아무래도 속도감이 없어진다. 또 한 가지 많이 쓰이는 구조는 위안부 아픔을 가진 할머니의 어린 시절 모습을 주인공으로 진행하는 방법이었다. 그럴 경우, 독자인 현대의 어린이들에게는 너무 먼 옛일로 인식될 위험이 있어 작가로서는 부담을 안고 쓸 수밖에 없었다.

최 작가의 방법은 그 절충점을 찾아낸 방식이다.

주인공으로 등장하는 봄이는 위태로운 상황에 처해 있다. 아버지는 사업실패와 경제적 곤란, 친구의 배신 등으로 오랜 시간 가출했다가 돌아왔지만 알콜중독으로 인해 폭력을 휘두르는 위험인물이 되고 말았다. 봄이 엄마는 남편의 폭력에 봄이가 상처받고 거칠어지는 것을 막기 위해 봄이를 다른 곳에 맡기게 된다. 그래서 봄이는 나눔의 집으로 들어간다. 이 이야기의 전체에서 가장 위태로운 설정이 바로 이 부분이다. 보육원도 아니고 어린이 임시 쉼터도 아닌 위안부 피해 할머니들이 살고 있는 나눔의 집에 아이가 맡겨진다. 보육시설로 들어가면 엄마랑 영영 헤어질 것 같아서 봄이가 보육시설에 가는 걸 거부한다. 그렇다고 해서 나눔의 집에서 아이를 받아 준다는 것은 아무래도 어색하다. 게다가 봄이는 엄마가 찾아왔을 때 봄이 옆에서 하룻밤 자고 가라는 할머니들의 말에 들어오지 말라며 엄마에게 화를 낸다. 엄마에 대한 애증이 교차하는 표현이긴 하지만 엄마를 삼일 만에 보면서 반가워하지도 않는 봄이의 태도는 일관성이 조금 부족해 보인다.

나눔의 집에 당분간 살게 되는 여자아이라는 조금 무리한 설정은 작가가 선택할 수밖에 없었던 전략이었다. 빨간 헝겊인형을 안고 폭력적인 상황에 떠밀려 원치 않는 곳에서 생활하게 된 소녀와 위안부 피해 할머니들의 과거는 슬며시 오버랩 된다. 할머니들의 이야기를 듣는 상황은 일시적인 방문을 하는 소녀에게도 가능한 일이지만 작가는 그것만으로 부족하다고 느꼈던 것이다. 현대의 어린 소녀가 할머니들의 아픔을 조금 더 심도 있게 이해하기 위해서 필요한 장치들이었다. 측은지심은 어린 소녀에게도 있겠지만 할머니들의 아픈 과거는 단지 측은지심만으로 이해하기엔 너무 큰 상처이기 때문에 작가는 소녀 주인공을 어려운 상황으로 몰아가야만 했다. 그래야 소녀가 마음 깊이 할머니들의 아픔을 공감하고 수요집회에 같이 나가 함께 분노하는 일이 자연스러워지기 때문이다.

봄이는 친하게 지내던 순임 할머니의 죽음까지 지켜보게 된다. 순임 할머니는 여동생을 그리워했지만 만나려하지 않았다. 그러다 죽기 직전 여동생이 찾아와 둘은 만나게 되고, 여동생은 언니가 끝내지 못한 일을 두고두고 후손들이 할 것이라고 다짐하며 순임 할머니를 안심시키고 떠나보낸다. 아픈 상처를 지닌 이들이 가장 먼저 위로를 받고 싶은 사람이 바로 가까운 가족일 테다. 그런데도 위안부 피해자들은 가족들이 본인들 때문에 혹시라도 어떤 피해를 입지 않을까 싶어 만나기조차 꺼렸다. 봄이의 경우는 가족에게 피해를 입은 경우이다. 그러니 더욱 용서나 화해가 어려울 수밖에 없다. 그런 봄이에게 할머니들은 단호하게 가해자로부터 진심 어린 사과를 받지 않으면 용서하지 말라고 가르친다. 나눔의 집 할머니들의 경우와 봄이의 상황은 몹시 다르다. 시대적으로 다를 뿐만 아니라 가해자의 위치가 사뭇 다르다. 그런 상황에서 어린이들이 봄이의 심정에 공감하기는 쉬워도 봄이를 통해 나눔의 집 할머니들의 아픔을 견주어 이해할 수 있으려면 또 다른 단계가 필요할 것이다. 할머니들의 불행을 봄이는 자기가 버린 인형을 통해 이해하려 한다. 무리한 비약이기는 하나 할머니들이 받은 부당한 대우가 자기가 버린 인형만도 못한 것이었음을 봄이는 어렴풋이 깨닫는다.

나눔의 집 할머니들은 고령으로 인해 한 분 한 분 세상을 뜨시고 계신다. 이 분들이 다 돌아가시고 나면 더욱 사과와 배상의 길은 멀어질 것이라는 걱정이 앞선다.

결코 잊지 않겠다는, 계속 싸우겠다는 다짐은 『수요일의 눈물』 속에서 또 이루어졌다. 더 이상 눈물과 한숨과 분노가 없는 수요일이 빨리 오기를 기원한다.

임정진 서울에서 태어나 잡지사 기자, 사보 편집자, 프리랜서 카피라이터, 방송국 어린이프로그램 구성작가 등을 거치며 꾸준히 어린이 책을 써 왔다. 지금은 서울디지털대학 문창학과와 분당한겨레문화센터에서 동화 쓰기 강의를 하며 동화작가로 활동한다. 2013년 『바우덕이』로 한국아동문학상을 받았다.

'옛것'의 소중함을 말하다

숭례문에서 사라진 어처구니

안재희 글 | 이구산 그림
고래가숨쉬는도서관 | 180쪽 | 2013

궁궐 처마마루에는 잡상(雜像) 또는 상와(像瓦)라는 동물장식이 있는데 이것을 '어처구니'라고 부른다. 옛 사람들은 악귀나 화재를 막기 위해 잡상들을 만들어 지붕에 올렸다. 『숭례문에서 사라진 어처구니』는 바로 이 '어처구니'를 소재로 삼은 동화다.

주인공 상이는 교통사고로 부모를 잃고 그 충격으로 말을 하지 못한다. 할머니가 남대문 시장에서 장사하는 동안, 상이는 숭례문을 구경 가거나 흙으로 어처구니를 빚으며 논다. 그러다 숭례문 처마에 있던 어처구니 하나가 사라진 것을 알게 되고, 손오공 아라라는 어처구니와 함께 사라진 어처구니를 찾으러 떠난다. 상이는 아라를 따라 홍예문 천장 위의 벽화 속 세상으로 들어간다. 그림 속 세상인 마루성에서 상이는 사라진 어처구니를 찾아다닌다. 마루성 사람들은 어처구니를 빚는 특별한 재주가 있는데, 완성된 어처구니는 세상에 나가서 악귀를 물리치고 평화를 지키다가 무슨 일이 생기면 마루성으로 돌아온다고 한다. 요술 지팡이로 사람들을 괴롭히던 모리는 마루성 처마마루에 있는 어처구니까지 없애려고 한다. 그 순간 어처구니들은 하늘로 솟구쳐 사라져 버리고, 얼마 후 마루성은 불길에 휩싸여 타 버린다. 그런 뒤로 마을엔 가뭄과 홍수, 폭설 등 재앙이 끊이지 않는다. 상이는 마루성의 평화를 기원하며 흙으로 어처구니를 빚는다. 전통에 대해 무심했던 마을 사람들도 상이와 한마음이 돼서 어처구니를 빚기 시작한다. 그러자 모리의 지팡이는 마법의 힘을 잃고, 어처구니들이 하늘을 가득 메우는 순간 가뭄이 끝나고 단비가 내린다. 상이는 아라와 함께 다시 현실의 세상으로 돌아온다. 그리고 불에 탔던 숭례문이 재건된 날, 할머니와 함께 숭례문 구경을 갔다가 처마마루에 어처구니들이 깨어나는 걸 보게 된다. 그 순간, 상이는 기쁜 마음에 소리친다.

"할머니! 저것 봐! 어처구니들이 살아났어. 어처구니들이 모두 돌아왔어."

어처구니가 돌아옴과 동시에 상이의 말문이 트인 것이다.

작가는 숭례문에서 어처구니 하나가 사라졌다는 신문 기사를 읽고 이 작품을 구상했다고 한다. 대부분의 사람들이 무심히 지나칠 법한 기사 몇 줄을 가지고 장편 판타지 동화를 만들어 낸 작가의 상상력은 높이 살 만하다. 문화에 무관심한 사람들이 보기에 돌멩이에 불과한 어처구니에게 생명을 불어넣고 능동적인 인물로 그려 낸 점이나, 홍예문 천장 위의 벽화 속 세상을 입체적인 판타지 공간으로 탈바꿈시킨 점이 특히 그러하다. 이 책을 읽은 뒤에 숭례문을 본다면, 처마마루에 있는 어처구니가 단순한 돌멩이로만 보이지는 않을 것이다. 이 책 덕에 우리 문화재가 전보다 친근하고 소중하게 여겨질 것 같다. 이런 상상력이 가능했던 것은 작가로서 항상 예리한 시선으로 주변을 돌아봤기 때문이다.

또한 이 작품은 실제 있었던 숭례문 방화 사건과 판타지 세상의 마루성 화재를 연관시켜, 옛것의 전통과 정신을 지키는 것이 중요하다는 주제를 작품 속에 묵직하게 담아냈다. 실제로 숭례문이 불에 탔을 때 많은 사람들이 안타까워했다. 작가는 그 사건을 잊지 않고 작품 속에 그려 내, 사람들에게 역사와 문화의 중요성을 일깨우고 있다. 일상을 소재로 한 생활 동화나 이국적인 느낌을 풍기는 판타지 동화가 많이 출간되는 요즘, 우리 역사와 문화를 소재로 한 판타지 동화가 나왔다는 건 반가운 일이 아닐 수 없다.

이 작품은 주인공 상이가 마음의 상처를 이겨 내고 성장하는 성장 동화다. 부모를 잃고 실어증에 걸린 상이는 흙으로 어처구니를 빚으면서 모리를 물리친다. 두려움을 이겨 내고 끝까지 노력하는 상이의 모습은 책을 읽는 아이들에게 긍정적인 영향을 미칠 것이다. 이런 간접 경험이 아이들의 마음을 자라게 하는 것이다.

몇 가지 아쉬움은 있다. 상이의 행동이 소극적이라서 작품에 활기가

부족했던 것, 악역인 모리가 후반부에 흐지부지 힘을 잃고 도망치면서 갈등이 약하게 그려졌고, 그로 인해 이야기 전개가 다소 단조로웠다. 하지만 이런 아쉬움에도 불구하고, 이 책은 아이들에게 한국의 전통과 문화에 대한 관심을 불러일으키고 자긍심을 갖게 해 준다는 점에서 가치가 있다.

이구산의 그림은 풍부한 색감으로 판타지 세계를 잘 묘사하고 있고, 작품에 따뜻한 온기를 불어넣는다. 책 뒤에 실린 부록에는 숭례문과 사대문, 어처구니에 대한 설명이 그림과 함께 상세히 나와 있다. 교육적인 면도 고려해 꼼꼼히 책을 엮은 노력이 엿보인다.

책을 덮은 뒤에도 떠오르는 장면이 있다. 상이와 마루성 사람들이 평화와 행복을 기원하며 달빛 아래서 천상의 춤을 추는 장면이다. 고대의 제천의식을 연상시키는 이 장면에서 작가의 마음과 숨결이 느껴진다. 마루성 사람들이 다 함께 천상의 춤을 추듯이, 다 함께 어처구니를 빚듯이, 여럿이 한마음이 되어 무언가를 기원하는 것은 그 자체로 소중하다. 작가는 이 책을 읽는 어린이들에게 "가족이나 친구와 함께 무언가를 간절히 빌어 보렴. 그럼 소원을 이루게 될 거야."라고 격려해 주는 것 같다.

과학기술이 나날이 발전하고 사람들은 병적으로 새로운 것을 갈망한다. 이런 때에 우리의 전통과 정신의 소중함을 돌아보게 하는 작품이 나와 반갑다. 초등 중학년 이상의 아이들에게 적극 권할 만한 책이다.

김해우 2010년 단편동화 '일곱 발 열아홉 발'로 푸른문학상을 수상하며 등단했다. 『도서관 길고양이(푸른책들)』, 『아빠는 내가 고를 거야(푸른책들)』, 『정직맨과 고자질맨(비룡소)』 등의 책을 썼다. 2013년 소천아동신인문학상을 수상했다.

신라를 왜
황금의 나라라고 했나요?

전호태 글 | 이영경 그림 | 다섯수레 | 32쪽 | 1999

간혹 글자가 빽빽한 역사책을 읽다 보면, 읽기 지루해서 역사에 대한 관심마저 사라질 때가 있다. 최근 학교에서 한국사 교육을 강화하는 분위기인데, 우리 역사에 대해 관심을 갖는 건 바람직하지만 시험을 보기 위해 텍스트를 달달 외우게 한다면 오히려 흥미를 떨어뜨릴 수가 있다. 역사는 눈으로 보고 귀로 듣고 손으로 만지면서 공부하는 것이 가장 효과적이다. 그렇다고 SF 영화처럼 과거로 시간 여행을 떠날 수는 없으니 최대한 역사를 가깝게 느낄 수 있는 방법을 찾아야 한다. 시간과 비용만 허락한다면, 유적지에 직접 찾아가 역사의 숨결을 느끼거나 문화재와 유물을 가까이에서 살펴보는 것이 좋겠다. 하지만 그게 여의치 않을 때는 유적지와 문화재, 유물 사진이 실려 있는 책을 보는 것도 하나의 방법이다. 책은 시간과 발품을 팔지 않고도 손쉽게 역사를 만날 수 있게 해 준다.

'왜 그런지 정말 궁금해요' 시리즈에는 역사와 문화, 자연, 과학기술 등에 관한 다양한 질문과 대답, 사진, 그림이 실려 있어, 어린이들에게 읽는 즐거움뿐만 아니라 보는 즐거움도 안겨 준다. 『고구려 사람들은 왜 벽화를 그렸나요?』, 『지진해일이 왜 일어날까요?』, 『하늘에 왜 구멍이 났을까요?』, 『외계인과도 이야기할 수 있나요?』, 『지퍼에는 왜 이가 있을까요?』 등 책 제목만 봐도 어린이들의 호기심을 자극한다.

시리즈 중 하나인 『신라를 왜 황금의 나라라고 했나요?』를 읽으면 천 년의 역사를 통해 화려한 문화를 꽃 피웠던 신라시대의 문화를 만날 수 있다.

한반도 동남쪽에 자리 잡았던 신라는 삼국 중에 발전이 가장 늦었지만 한강 유역을 차지한 뒤로 번영을 누린다. 신라는 당나라의 도움을 받아 백제와 고구려를 멸망시키고, 후에 당나라마저 몰아내면서 삼국통일을 이룩한다. 고려에 복속되기까지 오랜 시간 번영을 누렸기에 도읍이었던 경주를 중심으로 지금까지 다양한 유물과 유적지가 남아 있다.

지금까지 어린이 독자를 위해 신라에 대한 다양한 책들이 나왔지만, 이 책은 그동안 텍스트 위주로 출간됐던 역사책과 달리 시각적 이미지를 통해 신라가 황금의 나라가 될 수 있었던 여러 가지 요인들을 하나하나 되짚어 볼 수 있게 한다.

지은이는 신라 역사에 대한 정확하고 방대한 지식을 바탕으로 신라의 건국과 발전, 도읍, 삼국 통일, 대외 관계, 종교, 예술, 과학 기술, 생활 등 분야별

로 세분화해서 아이들에게 알쏭달쏭한 질문을 던진다. 아이들은 질문에 대한 답을 찾아가다가 자연스레 신라의 역사와 문화를 만나게 된다. 이 책에는 신라의 왕족뿐만 아니라 서민들의 생활과 문화에 대한 질문도 담겨 있다. 그간 왕족과 지배층 위주로 문화사를 다루는 경향이 있었는데, 그런 면에서 반가운 책이다.

이 책은 퀴즈를 내듯 다양한 질문을 던짐으로써 아이들의 호기심을 자극하고, 책에 흥미를 갖도록 유도한다. 신라는 처음부터 힘센 나라였나요?, 청소년도 전쟁에 나갔나요?, 신라를 왜 황금의 나라라고 했나요?, 피가 하얀 사람도 있었나요?, 가장 좋은 소리를 내는 종은 무엇인가요?, 신라 사람들은 어떤 옷을 입었나요? 등의 질문들은 신라의 문화, 역사, 생활의 면면들을 살피게 하고, 어린이들에게 문화에 대한 자긍심을 갖게 한다.

각각의 질문에 대한 대답은 글뿐만 아니라 다양한 사진과 그림을 활용한다. 매 페이지마다 유물과 유적지, 문화재 사진이 가득해서, 사진만 보고도 경주의 포석정이나 안압지에 다녀온 듯한 느낌을 받을 수 있다. 신라 유적지나 박물관에 견학 갈 때 가져가면, 책에 실린 사진과 실물을 비교해 보는 재미가 적지 않을 것이다.

또한 사진 이외에도 그림을 지면 곳곳에 배치하여 신라 사람들의 의식주 생활을 엿보게 한다. 『아씨방 일곱 동무』, 『넉 점 반』의 그림 작가 이영경은 한국적이고 친근한 화풍이 특색인데, 이 책에서도 부드러운 곡선과 따뜻한 색감으로 신라인들의 익살맞은 표정과 몸짓을 표현해 놓았다.

아쉬운 점은 전체적인 구성이 조금 산만하다는 것이다. 또한 책 한 권에 담기에는 질문의 양이 많다 보니, 그에 대한 설명이 짧고 단편적이다. 방대한 신라의 역사와 문화를 책 한 권에 담으려다 보니 설명이 부족해진 것 같다. 하지만 이런 점이 오히려 초등 저학년에서부터 고학년까지 쉽게 접근할 수 있는 장점으로 작용한다. 어린이들이 본격적인 역사 공부를 하기에 앞서 읽는다면 역사에 대한 흥미를 유발할 수 있겠다.

한 나라의 정체성을 확립하는 데 가장 공들여 교육해야 하는 부분이 역사와 문화이다. 21세기를 문화의 시대라고 할 만큼, 각 나라는 자국의 문화를 발전시키기 위해 온 힘을 기울이고 있다. 문화적 감수성이란 건 어느 날 갑자기 생기는 게 아니다. 책을 통해 아이들의 문화적 감수성을 키우고 역사에 대한 자긍심을 갖게 한다면 좋겠다.

『신라를 왜 황금의 나라라고 했나요?』처럼 사진과 그림이 가득해 재미있게 읽을 수 있는 역사책이 많이 출간되어, 아이들이 우리의 역사와 문화에 관심을 갖도록 해 주었으면 한다.

김해우 2010년 단편동화 '일곱 발 열아홉 발'로 푸른문학상을 수상하며 등단했다. 『도서관 길고양이(푸른책들)』, 『아빠는 내가 고를 거야(푸른책들)』, 『정직맨과 고자질맨(비룡소)』 등의 책을 썼다. 2013년 소천아동신인문학상을 수상했다.

사랑은 알면서도 **속아 주고,** 모르면서도 **믿어 주는 것**

에밀은 사고뭉치

아스트리드 린드그렌 글 | 비에른 베리 그림
햇살과나무꾼 옮김 | 논장 | 152쪽 | 2013

상상해 보아라. 대여섯 살 귀여운 아이가 하루 온종일 '착하게' 지 낸다. 즉, 절대 울거나 소리치지 않고, 부모의 말에 대들거나 반항하지 않는다. 잠잘 때에는 침대, 장난감을 가지고 놀 때에는 혼자서 거실 구 석에서, 대소변은 화장실에서…… 이렇게 정해진 구역에서만 지내며 절대로 집 안을 어질러 놓지 않는다. 그리고 맛난 간식거리가 눈앞에 있어도 절대로 먼저 손대지 않고, 부모의 말씀이 있기 전에는 어떤 돌 발적인 언행을 하지 않는다.

자, 이런 아이가 키우기 쉬운, 말 그대로 착한 아이일까? 분명 마음 이나 몸이 아픈 아이들이다. 아이들은 강아지처럼 쉼 없이 움직여야 한다. 새처럼 틈만 나면 지저귀고, 고양이처럼 심통도 부려야 한다. 새 끼 돼지처럼 식탐으로 조르기도 하며, 자기 것에 대한 욕심으로 아기

곰들처럼 다투기도 해야 한다. 이렇게 사람은 어릴 때부터 사람과 사건과 상황에 자의든 타의든 부딪히고, 넘어지고, 피나고, 아물고 하면서 성장한다. 이런 성장의 이야기, 언뜻 읽으면 에피소드 모음집 같은 이야기 속에서 우리는 가슴 한 편이 찌르르 하는 울림을 경험하게 된다.

아스트리드 린드그렌은 어린이의 심장과 영혼을 가진 사람이지만, 결코 그녀의 문학적 세계가 유치한 것은 아니다. 오히려 그녀의 작품은 영혼의 순수함과 다양한 문학의 빛깔을 보여 준다. 성인문학에서는 도저히 흉내 낼 수 없는 소리와 빛을 가진 작품들이다. 린드그렌은 이 작품에서도 어린이가 원하는 것이 무엇이며, 재미있어 하는 이야기가 무엇인지 정확히 그려 냈다.

『에밀은 사고뭉치』는 린드그렌의 손자가 영 울음을 그치지 않자 달래 주려고 시작된 이야기에서 시작된다. "애야, 뢴네베리아 마을에 사는 에밀이란 애가 얼마나 장난꾸러기인지 아니?" 이렇게 그냥 아무 사전 구성작업 없이 즉흥적으로 들려준 이야기는 마침내 '에밀' 시리즈로 만들어지고, 스웨덴에서 영화와 텔레비전 시리즈물로 방영될 만큼 큰 인기를 얻었다. 에밀 이야기는 린드그렌의 고향인 스웨덴 스몰란드 지방의 빔메르뷔라는 작은 마을을 통째로 배경으로 삼는다. 그렇다면 사건은 극적이며, 모험 가득한 이야기로 이루어졌는가? 아니다! 그저 다섯 살 난 사내아이의 사고 치는 이야기이다. 그것도 단 3일의 이야기. 그런데 이야기는 전 세계 어린이들의 마음을 뒤흔들었다. 도대체 왜?

먼저 주인공인 에밀을 소개한다. '반짝이는 눈, 포동포동한 뺨, 탐스러운 금빛 머리칼.' 이 정도면 '에밀이 작은 천사처럼 사랑스러워 보인다고? 천만의 말씀, 에밀은 겨우 다섯 살이지만 황소처럼 힘이 세고, 고집도 세고, 목소리도 엄청나게 크다. 이렇게 저절로 환하게 에밀의 캐릭터가 그려지며, 이것만으로도 앞으로 벌어질 에밀의 '사고분투기'

가 기대된다.

에밀은 푸른 풀밭에 맑은 시냇물이 흐르며, 사과나무와 라일락으로 둘러싸인 아름다운 카트홀트 농장에서 아빠, 엄마, 여동생 이다와 알프레드 아저씨, 그리고 리나 누나와 함께 산다. 말과 황소, 돼지 등 동물 친구들도 있다. 그림 같은 카트홀트 농장은 딱 두 종류의 날로 나뉘어진다. '평화로운 날'과 에밀이 사고를 쳐서 '소동이 벌어진 날'. 만약 에밀이 사람이 아니라 가축이었다면 당장 쫓겨나거나 무슨 일을 당했을 것이다.

에밀의 첫 이야기는 5월 22일, 화요일에 일어난다. - 사실 별 대단한 사건도 아니며, 의미 깊은 기념일도 아닌데 작가가 굳이 날짜와 요일을 내세운 것은 아이들에게 현실감과 긴장감을 극적으로 전달해 주려는 의도일 게다.- 화요일에 에밀은 수프 단지를 머리에 뒤집어쓰는 사고를 당한다. 아니 자초한다.

이날, 에밀은 여러 가지 사고를 친다. 수프가 아주 맛있어서 단지에 머리를 박고 핥아 먹다가 그만 단지에 머리가 끼여 병원까지 가고, 돌아오는 길에는 동전을 삼켜 버린다. 집에 와서는 동생에게 어떻게 단지 속에 머리를 넣었는지 보여 주느라 아빠가 겨우 붙여 놓은 단지를 또다시 뒤집어쓴다.

6월 10일에는 동생 이다를 국기 게양대에 매달고, 잔칫날 손님들에게 대접할 소시지를 몽땅 먹어 치운다. 7월 8일에는 부모 몰래 축제 구경을 가서 실컷 놀다 온다. 발치에 모자를 놓고 노래를 구슬프게 부르며 구걸까지 한다. 에밀이 이렇게 사고를 치는 이유는 뭘까? 머리가 모자라서? 자기감정 조절능력이 부족해서? 무언가 내면 깊이 잠재된 불안요소가 있어서? 에밀에게 그 이유를 들어 보자.

"난 억울해요! 내가 사고를 친 데에는 다 이유가 있어요! 수프 단지를 뒤집어쓴 것은 바닥에 깔린 수프를 핥아 먹기 위해서였고, 이다를 국기 게양대에 매단 것은 동생에게 마을 구경을 시켜 주려는 착한 마음에서였어요! 그리고 나는 나무총을 가지고 놀다가 도둑도 잡았잖아요. 그런데 왜 내가 사고뭉치죠?" 이렇게 항변하는 에밀에게 어른들은 뭐라 답할 것인지! 더구나 에밀은 사건 때마다 모든 사람들을 놀람과 기가 막힘에 빠뜨리면서도 절대 기죽지 않는다. 변함없이 온 힘을 다해 뛰어논다. 무언가 늘 일을 생각해 낸다. 웃는다. 목소리도 크다.

자, 여기까지라면 이 작품은 그저 명랑동화 수준에 머무를 것이다. 그러나 작가는 영리하다. 다정한 영혼의 소유자이다. 에밀의 뒤에 산처럼, 강물처럼, 들판처럼 둘러서서, 에밀을 보호해 주고, 응원해 주며 때로는 야단치다가 안아 주는 존재들이 있다. 진정 에밀은 이 존재들 때문에 마음 놓고 사고를 치고, 넘어지고, 또 다른 흥미진진한 사건을 생각할 수 있는 것이다. 마음껏 유년의 행복을 누릴 수 있는 것이다. 그 존재들은 에밀 때문에 속을 태우지만 에밀을 깊이 사랑하는 부모님과 이웃이다. 사랑은 알고도 눈감아 주며, 잘 몰라도 손잡아 주는 마음일 것이다. 다시 상상해 보자. 우리네 아이들은 얼마나 자유로운 사고뭉치가 될 수 있는지, 우리 아이들은 얼마나 마음 놓고 제 마음을 표현하며 살고 있는지!

노경실 동생들에게 이야기를 들려주다가 작가가 됨. 그림책, 어린이 동화, 청소년 소설을 쓰면서 번역도 하고 있다. 시각장애 청소년과 노숙자 재활을 위한 인문학 수업도 하고 있다.

짧지만 긴 여운을 남기는 이야기들

친구는 잡아먹는 게 아니야!

조이 카울리 글 | 개빈 비숍 그림 | 홍한별 옮김
고래이야기 | 94쪽 | 2013

제목부터가 심상치 않다. 『친구는 잡아먹는 게 아니야!』. 뉴질랜드에서 가장 사랑받는 작가 '조이 카울리'는 사막의 뱀과 도마뱀을 등장시켜 우정이 무엇인지를, 돕고 사는 것이 무엇인지를 단순하나 의미심장하게, 깊고 무거운 이야기지만 가볍고 상큼하게 들려준다. 우리에게 진정한 우정은 무엇일까? 그리고 그 진정한 우정 속에 감추어진 것들은 없을까? 조이 카울리는 이 책에서 이런 물음에 대해 다양한 답을 들려준다. 적대적인 만남에서부터 동업자가 되어 사업을 벌이기까지. 뱀과 도마뱀은 도덕적인 모습만을 보여 주지 않는다. 우정을 기만하고 이웃을 감쪽같이 속이는 이야기까지 솔직하게 보여 주지만 바로 우리들의 모습이기 때문에 외면할 수가 없다.

유쾌하면서도 깊은 의미를 담고 있는 이 작품은 짧은 이야기 속에서 하나의 주제를 재치 있고 완벽하게 녹여낸 작가의 능력이 돋보인다.

뱀과 도마뱀이 펼쳐 보이는 이야기는 아이들의 현실과 고스란히 닮아 있다. 헤헤거리다가도 한순간 토라지거나 다퉈서 울며불며 뒤돌아서고, 또 언제 그랬냐는 듯 어깨동무하는 아이들의 건강한 모습을 고스란히 살려 내고 있다.

> "으에엑! 으에엑! 목구멍에 개구리가 걸렸어."
> 뱀이 간신히 말을 뱉었다.
> "아, 내가 해결해 줄게." 도마뱀은 이렇게 말하더니 뱀 등을 세게 쳤다.
> 뱀 입에서 개구리가 튀어나왔다. 개구리는 풀 위에 내려앉더니
> 눈 깜짝할 사이에 달아나 버렸다.
> "내 저녁! 저게 내 저녁이었단 말이야!" 뱀이 소리쳤다.
> "미안해. 도와주려고 그런 건데……." ('도와주려고 그런 건데' 편)

이 동화집은 현장감 넘치는 묘사와 이야기를 풀어 나가는 작가의 능숙함 덕분에 의인화 동화의 어색함을 가뿐하게 뛰어넘는다. 등장인물의 삶이 작품 전편에 생생하게 살아 있다. 자칫 잔인하고 비정하게 보일 수 있는 뱀과 도마뱀의 삶이 이야기의 힘에 묻혀 자연스럽게 읽힌다. 도마뱀의 동생을 삼키고도 시침을 떼야 하는 뱀, 도움을 요청하러 온 생쥐를 잡아먹고 싶어 하는 뱀의 갈등은 비단 동물들의 세계에서만 볼 수 있는 게 아니다. 이 이야기들은 사막에서 만난 뱀과 도마뱀의 우정을 이야기하고 있지만 우리 삶에서도 얼마든지 볼 수 있는 장면들이고, 우호관계를 앞세우면서도 실리를 챙기는 국제 사회에서도 볼 수 있는 장면들이다. 우정 사이에서 벌어질 수 있는 다양한, 어쩔 수 없는 선택까지 적나라하게 보여 주면서 인생의 삶이란 이런 다양한 빛과

그림자를 거느린다고, 작가는 이야기 속에 숨어서 나지막하게 속삭이는 것 같다.

'개빈 비숍'의 단순하면서도 핵심을 짚는 그림과, 이야기의 절묘한 편집도 돋보인다.

'사랑은 죽음보다 강해'라는 마지막 작품을 들여다보자. 이 작품은 수준 높은 비유와 묵직한 주제가 긴 여운을 남기는 작품으로 어른 독자들에게도 권하고 싶은 이야기이다.

뱀과 도마뱀의 도움을 받으러 온 스컹크는 사랑에 빠진 스컹크이다. 상대는 죽음의 강 건너편에 사는 스컹크 아가씨. 스컹크는 슬픈 웃음을 띠고 뱀과 도마뱀에게, 죽음의 강을 건너게 해 달라고 부탁한다.

"…… 강 가장자리까지만 같이 가 줘. 용기를 달라고. 기운을 북돋는 말을 해 줘."

결국 셋은 죽음의 강 가장자리까지 간다.

셋은 그 자리에 멈춰 섰다. 가슴이 마구 뛰었다. 앞쪽에는 잿빛 강이 있었다. 죽음의 강은 사막 모래보다 매서웠고 절대 잠들지 않는 성난 괴물들이 가득했다. 밤이면 괴물의 눈이 달빛보다도 더 밝게 빛났다. 낮에는 괴물의 반들반들한 머리가 햇살에 반짝거렸다. 괴물들은 어찌나 빨리 달리는지 아무도 피할 수가 없었다. 괴물들은 요란하게 "슈웅~슝" 하는 소리를 냈다. 그리고 늘 으르렁거렸다.

도마뱀은 죽음의 강을 보며 엄마가 들려준 이야기를 들려준다.

“……우리 엄마가……나무에 앉아 있었는데 괴물 둘이 서로 머리를 들이받으며 싸웠대. 무지 큰 소리가 나고 엄청 요란하더래. 괴물들 몸이 조각나서 강 위 사방에 흩어졌고 괴물 조각이 메스키트 나무까지 날아왔대.”

그 괴물 조각은 녹지 않는다고 하고, 다른 괴물들이 싸우다 죽은 괴물 둘을 끌고 갔다는 이야기를 하는데, 페이지가 넘어가며 ‘죽음의 강’ 그림이 펼쳐진다. 독자들은 어떤 생각을 하며 죽음의 강과 괴물들을 상상했을까? 그런데 그 죽음의 강에서 “슈웅~슝” 하는 소리를 내는 괴물은 바로 자동차들이다. 스컹크가 말하는 ‘죽음의 강’은 자동차가 질주하는 고속도로인 것이다. 죽음의 강이 고속도로라는 설명은 한 마디도 없다. 그림 한 장만으로 참으로 많은 이야기를 하고 있는 것이다. 작가와 화가의 호흡이 참으로 절묘하다. 편집의 묘가 돋보이는 부분이고, 동화로 쓴 문명비평서 한 편을 읽은 느낌이다.

이 작품에 등장하는 동물들의 수는 많지 않고, 긴 이야기 속에 이어지는 짧은 이야기들은 단순하지만 긴 여운을 남긴다. 여러 편 짧은 이야기 속에 깊고 넓은 의미를 숨겨 놓았기 때문이다. 그리고 이 동화집은 간단한 연극 대본으로 고쳐 써서 연극 놀이의 원본으로 활용해도 좋을 책이다. 길이가 길지 않고 대화체들이 얼마든지 변용하기 쉽게 되어 있기 때문이다.

송재찬 오랫동안 초등학교에서 아이들을 가르쳤다. 초등학교 교사와 동화 쓰기 두 가지 모두 아이들을 만난다는 점에서 즐거운 일이다.

뒤죽박죽
아이들 생각을 엿보다

화수목금토일
– 친구를 구합니다

에블린 드 플리허 글 | 웬디 판더스 그림 | 정신재 옮김
책속물고기 | 80쪽 | 2013

우리나라에 잘 소개되지 않은 벨기에 동화다. 다양한 나라의 동화를 접한다는 면에서 우선 반갑다. 이 작가들의 다른 책으로 『시간을 만드는 방법』도 번역되어 있다. 두 책은 형태가 매우 비슷하다. 두 책 모두 외형적으로는 그림과 사진을 다양한 형태로 배치하여 이야기를 풍부하게 만들고 있고, 내용 면에서는 시간 관리법이나 친구 사귀는 법 같은 실용서의 이야기 전개 방법을 빌려와 동화를 구성했다. 언뜻 보면 매우 산만해 보이지만, 꼼꼼히 읽어 보면 대상 연령에 대한 충분한 연구가 있었음을 느끼게 된다.

이 책, 우선 겉모습이 눈길을 끈다. 본문 내용 사이사이에 그림이 많다. 그림이 많다고 해서 그림책은 아니고, 삽화 형태의 사진과 그림이 매우 다양하다. 그 그림들이 본문 사이에 배치되어 있다. 엄마가 지

금 바쁘다는 이야기를 하는 곳에는 바로 옆에 시계와 시곗바늘이 그려
져 있고, 엄마가 열심히 들여다보는 서류 더미가 팬케이크를 쌓아 놓은
것처럼 보인다고 하면 얇은 팬케이크 사진이 등장하는 식이다.

요즘 아이들이 쓰는 다이어리를 보면, 글을 쓴다기보다 그림과 문자
를 다양하게 배치하는 방식으로 하고 싶은 말을 표현하곤 한다. 그런
방식을 좀 더 재미있게 하기 위해서 각종 다양한 스티커가 등장하기도
할 정도로 말이다. 이 책은 그런 아이들의 다이어리를 보고 있는 느낌
이다. 어른의 시각으로는 좀 낯설고 산만하게 보인다. 하지만 영상 매
체에 익숙한 요즘 아이들에게 책의 좀 더 다른 형태로 다가가지 않을
까 싶다.

이런 재미있는 형식에 담겨 있는 내용은 그리 간단하지 않다. 주인공
펠릭스가 처음으로 6박 7일 캠프에 간다. 아는 친구 하나 없이 혼자서.
펠릭스는 걱정에 휩싸였다. "모르는 아이들과 지낼 생각에 눈앞이 캄캄
했다."고 말할 지경이다. 엄마한테 하소연해 본다. 친구도 없이 저 혼자
캠프를 가냐며 투덜거린다. 엄마의 반응이 영 신통치 않다. 못들은 척,
바쁜 척, 다른 일 하는 척, 그러고 나서 결국에 하는
말이 "넌 친구를 잘 만들잖니, 펠릭스!"다. 펠릭
스가 듣고 싶은 말은 그게 아니었을 텐데.

캠프 가는 날은 다음 주 월요일, 오늘은
화요일. 이야기는 남은 엿새 동안의 고민
보고서다.

화요일, 머릿속의 생각을 목록으로 만
들어 보기. 그 목적은 구체적이었으나 그
결과는 뒤죽박죽이다. 펠릭스가 만든 목록
은 '좋아하는 헝겊인형 목록', '여러 가지 바람 목

록' 등 캠프나 친구와 관계없는 것이 대부분이다. 그런 중에 쓸 만한 한 가지가 내가 좋아하는 친구의 성격 목록이다. 한 발짝은 뗀 것 같다. 그러나 바로 삼천포로 빠진다. 나의 원수들 목록.

수요일, 친구가 되기 위해 필요한 부분 알기. 펠릭스는 말을 잘 알아듣고, 재미있고, 어려운 일을 대신해 주는 친구가 좋다. 그런 친구를 만든다. 무쇠 냄비와 기다란 전선, 튼튼한 나사 못, 페인트 붓, 자전거 바퀴, 펜치 등을 이용해 필요한 친구 그림을 그린다. 친구는 사소한 부분으로 친해지는 거군!

목요일, 친구가 되기 위해 나는 무엇을 해야 하나? 인간을 부위별로 나누어 본다. 상체 하나, 머리 하나, 눈 두 개, 코 하나, 팔 두 개 등등. 거울을 보니 나는 모두 가졌다. 완벽해. 그래도 친구는 필요하겠지. 우선 누가 친구 되자고 하면 적어도 싫다고 하지는 말아야지. 인간 부위 중에 제일 중요한 건 이야기를 들을 수 있는 커다란 귀 두 개다. 책에 귀 두 개가 커다랗게 그려져 있다, 풀칠하는 면과 초강력 접착 풀과 함께.

금요일, 토요일, 일요일 이렇게 하루하루가 가고 펠릭스는 친구를 사귀는 방법을 하나씩 익혀 간다. 그리고 월요일, 캠프로 가는 버스가 떠났다. 펠릭스는 무사히 캠프를 마칠까?

6박 7일 후, 펠릭스와 피터와 벌레 한 마리가 등장한다. 두 녀석은 귀뚜라미를 '우리의사랑스러운숙녀선갈퀴메뚜기'인가 아닌가를 가지고 옥신각신하고 있다. 돌아가는 차 안에서 펠릭스는 피터 이야기를 하느라 정신이 없다. 그 아이가 어찌 지냈는지는 여행 가방 안에서 쏟아진 물건들로 알 수 있겠다.

잔뜩 긴장하고 떠난 캠프에서 펠릭스는 친구를 사귀었고 자신만만해져서 돌아왔다. "부모님보다 내 마음을 아는 친구가 더 좋거든요!"라고 말할 만큼 훌쩍 커 버렸다. 이 책은 아이들을 조심스럽게 격려한다. 주인공인 펠릭스의 머릿속은 누구보다도 뒤죽박죽이다. 작가는 아이들은 원래 그렇다고 생각하는 것 같다. 그런 뒤죽박죽 속에서 찾은 하나가 정말로 자기 것이라는 이야기를 한다.

우리나라 어른들 시각으로는 펠릭스의 이야기를 듣고 있는 것이 대단한 인내를 필요로 한다. 생각의 방향이 어디로 튈지 전혀 예측할 수 없다. 그런데 우리가 주목해야 할 것은 펠릭스 엄마, 아빠의 태도다. 그 아이의 이야기를 끝까지 들어주고, 함께 동참해 준다. 너는 할 수 있다고 이야기할 뿐 어떻게 하라고 지시하지 않는다. 어떤 방법으로든 이야기를 펠릭스의 시각에서 끌고 간다. 주인공의 모습이 명확하다. 이런 태도는 우리 동화가 배워야 할 점이다. 아이다운 고민을 아이다운 방법으로 해결해 가는 과정이 어른의 고민을 아이가 끌어안고 가고 있는 우리 동화와 달리 경쾌해 보인다.

한 가지 아쉬운 것은 책 내용과 동떨어진 몇몇 단어들이다. 번역의 문제일지, 나의 무지일지 모르겠다. 예를 들어 5쪽에 '화요일-동물 없음', 29쪽에 '중심을 잡는 자갈부대-밸러스트' 같은 말은 본문과 견주어 보아도 어떤 뜻인지 모르겠다. 현지에서 쓰는 유행어 같은 것이 아닐까 짐작할 뿐이다. 그런 몇몇 단어에 대한 자세한 설명이 함께 있었으면 더 재미있게 볼 수 있었겠다.

김혜원 어린 시절에 동화를 읽고 서른 중반에 다시 동화를 만나 지금도 열심히 읽는다. 읽다 보니 할 말이 생기고 할 말이 있으니 쓰고 있다. 몇 해 전부터 그 해 출판된 우리 동화를 모두 찾아 읽고 있다. 앞으로도 쭉 그렇게 살 것 같다.

개화에서 광복까지,
어린이를 위한 근대 역사 이야기

100년 전 우리는

김영숙 글 | 하민석 그림
토토북 | 152쪽 | 2013

"근대화 과정 속에서 조선인에 대한 차별과 조선인의 가난은 정당화 되었다. 식민지 시기 외적으로 이른바 '근대화'가 진행되고 도시는 발달했지만 가난에 찌든 조선인들의 생활은 날이 갈수록 궁색해졌다." 최병택, 예지숙의 『경성리포트』에 나오는 말이다. 식민지 수탈론과 식민지 근대화론이 부딪히는 지점에서 저자들은 일제 식민지에 대한 기억을 '수탈과 억압적 지배로 점철된 수난의 역사'로 보는 식민지 수탈론과, '일본에 의해 근대적 시설이 건설되고, 근대적 제도가 도입됨으로 한국이 성장할 수 있는 기반이 형성된 시기였다.'는 '식민지 근대화론'의 양립된 주장을 넘어서서 식민지 시대의 일상을 엿보고자 한다.

고고인류학과 박물관학을 전공한 저자 김영숙씨와 어린이 책 만화와 삽화를 작업한 그림 작가 하민석씨가 공동작업한 『100년 전 우리는』

은 우리가 근대라고 말하는 개화기와 일제 강점기, 그리고 광복의 순간까지 우리 민족의 근대사를 안내하는 어린이용 인문교양서다. 이 책에서 근대는 '우리가 살고 있는 현대와 가장 가까운 과거'로, '오래된 것과 새로운 것이 부딪치고, 불안과 희망이 엇갈리는 역사'로 정의된다. 현재 우리가 겪고 있는 급속한 변화가 100년 전 근대사의 큰 변화와 닮아 있으며, 오늘을 제대로 이해할 수 있는 실마리를 근대의 시간에서 찾을 수 있다고 말한다. 일상의 복원과 역사의 흐름을 동시에 보여 주고자 하는 책의 의도는 근대의 소식을 전하는 신문, 잡지라는 액자로 세 명의 캐릭터 길잡이를 통해 보여 주고 있다. 각각 스스로를 모던보이, 호기심 기자, 발빠른 기자라 칭하는 이들은 꼭지의 보충해설과 인터뷰, 해설글들을 통해 오래전 이야기를 눈앞에서 일어난 것처럼 꾸며 말한다.

이 책의 시대구분은 익숙하지만 낯설다. 연표식의 정확한 경계구분 대신 순차적으로 사건을 나열하되 주제별로 유연하게 되감아 진행시키는 형태다. 크게 외국에 우리 항구를 개방하고 교류를 시작한 개항기와 일본의 통치를 강요받던 우리 민족의 뼈아픈 시대인 일제 강점기를 네 가지의 묶음주제로 구분한다. 특히, 두 번째 테마인 '눈이 번쩍, 신문물 세상'은 절망적이고 침울한 시기에도 약동적인 변화를 겪어 온 민중들의 다각적인 면모를 부각시키려 한다. 다른 나라에 문호를 개방하게 된 강화도 조약을 출발점으로 삼는 것은 이 책의 시대구분 관점에 '변화'가 중심에 놓여 있음을 보여 준다.

궁궐의 전화기 설치가 후일 위패를 모신 사당에 전화 거는 일로 이어지는 일화나, 아관파천 후 고종의 커피 사랑이 궁내 최초의 서양식

건물을 짓게 한 계기가 된 점, 서로 다른 시계 종소리의
울림을 좋아한 순종의 애착 등은 신문물에 대한 황실의
관심을 환기시킨다. 식량수탈과 전쟁무기와
물자수송에 이용된 철로와 증기기관차의 출현은
사람들의 시간관념을 변화시키고, 전차와
버스를 타고 다니는 사람들의 모습과 상수도
설치로 인해 사라져 가는 물장수들의 세태는 그 시대의 변화가 황실은
물론 거리의 풍경을 전면적으로 빠르게 변화시켜 가고 있었음을입체적
으로 그려 낸다. 다분히 어린이들의 호기심과 시선을 붙잡아 둘 수 있
는 사례들을 보여 주려는 점은 좋은데, '감쪽같이 사라진 대한'이나 '경
성 유람 한 번 떠나 볼까!'등의 코너명은 의도를 떠나 신중하게 제목을
붙였으면 한다.

 개화, 계몽과 자주독립이 시대적 과제였던 시기인 만큼, 인물과 사건
소개의 중심선은 애국애족의 정신으로 헌신한 독립운동가의 활약에 놓
여진다. 만국평화회의에 고종의 밀명을 받고 헤이그에 파견된 세 명의
특사와 하얼빈 역에서 이토 히로부미를 사살한 안중근 의사, 안창호와
유관순, 백범 김구 선생님 같은 열사들은 우리 민족의 끊임없는 저항정
신을 보여 준 대표적인 인물들이다. 그 외에도 전 세계에 우리 춤의 아
름다움을 널리 알린 최승희, 최초의 비행기 조종사로 겨레의 긍지를 높
여 준 안창남과 권기옥, 어린이라는 말을 처음 만들어 낸 방정환 선생
님 이야기까지 대중적이면서도 여러 방면의 인물들을 고루 다루려 애
쓴 흔적이 엿보인다.

 "제가 말씀드리는 상투는 머리에 틀어올린 상투이자, 오랫동안 이어
져 온 우리의 전통이자, 우리의 외교권을 의미합니다. 우리의 외교권

을 남에게 잡혀서는 안 된다는 것이고 나라를 위해서는 과감히 상투를 자르고 전통도 버릴 수 있어야 한다는 것이죠. 상투 잡힌 꼴로 더 이상 다른 나라에 끌려다니지 맙시다."(74쪽)

유학시절 신문에 실린 이 글에 감동받은 이들이 사진관에서 사진을 찍고, 이발소에 가 상투를 잘라 사진관과 이발소가 호황을 누렸다는 사실 속에서 우리는 다양하고 역동적인 민중의 움직임을 발견한다. 을사조약을 반대하는 시위나 일본 동경에서 있었던 조선 유학생들의 독립선언, 이어진 삼일 만세 운동은 민족의 단결된 힘을 증명하였고, 국채보상운동과 물산장려운동은 자기희생정신을 바탕으로 대규모 참여운동으로 이어져 경제적 자립을 우리 스스로의 힘으로 이루려는 열정의 결과였다.

모든 역사가 시대 구분에 논란의 여지는 있겠으나, 특히 '근대'라는 시대의 설정은 자칫 수동적이고 무기력한 사관을 부각시킬 수 있다는 점에서 좀 더 조심스런 접근을 요구한다. 쇄국과 개방, 전통과 개화의 갈림길에서 우리는 갑오개혁이나 동학농민전쟁 같은 시대의 다른 마디점을 설정할 수 있다는 유연한 역사인식을 배워야 한다. 흥선 대원군과 명성 왕후의 대립을 외세에 시달린 우리 민족의 고민으로만 읽지 않고, 세상의 변화 속에서 지켜야 할 가치와 변화시켜야 할 조건들로 바꾸어 생각하는 지혜가 필요하다. 나라를 빼앗긴 민족의 암흑기를 잊고 싶은 고통의 시간이 아닌 스스로를 반성적으로 바라볼 기회로 삼아야 한다.

왕지윤 내가 특별하다는 오해가 가득했던 유년의 희미한 기억을 그리워한다. 스스로 시시한 사람이란 걸 들킬까 두려워하면서도 눈물 많은 아이들을 만나고 있는 경인여고 교사이다.

1940년의 의미를
찾아가다

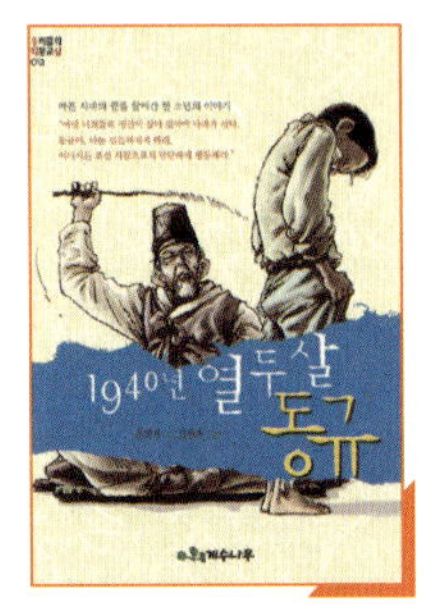

1940년 열두 살 동규

손연자 글 | 김산호 그림
계수나무 | 232쪽 | 2009

일제 강점기 36년.

우리 역사에서 가장 지워 버리고 싶은 시절 가운데 하나이다. 하지만 지워 버리고 싶도록 고통스럽고 치욕스러운 역사라 해도 지워 버릴 수는 없다. 역사란 단지 지나간 과거의 일이 아니기 때문이다. 역사란 어떤 식으로든 현재 우리에게 영향을 미치고 있다.

일제 강점기 역시 마찬가지다. 일본으로부터 해방된 지 어언 70년이 다 되었지만 위안부 문제, 징용 피해자 문제, 독도 문제, 일본 정치인들의 야스쿠니 참배 문제, 일본 교과서 문제 등 일본과 우리나라 사이에는 아직 해결하지 못한 일들이 산적해 있다. 그러니 일제 강점기는 아무리 지우려 해도 지울 수 없는 우리의 현실임이 분명하다.

전작 『마사코의 질문』에서 일제 강점기 시절의 고통스러운 기억을 이야기로 풀어 놓았던 작가는 이번엔 일제 강점기 말기인 1940년 서울에 살던 열두 살 소년의 눈으로 당시의 모습을 펼쳐 보이고 있다.

1940년. 작가는 '해방 5년 전인 1940년에 열두 살이었던 소년 동규가 암흑의 시대를 어떻게 살았는지'를 썼다고만 했을 뿐 특별히 1940년을 배경으로 글을 쓴 까닭을 밝히지는 않았다. 하지만 1940년이라는 해는 유난히 각별하게 느껴지는 게 사실이다. 아마도 일본이 법으로 창씨개명을 실시한 해가 1940년이기 때문일지도 모른다.

이 책의 주인공의 이름은 최동규. 일본식 한자음으로 말할 땐 사이도 오규였다. 그러나 창씨개명은 이렇게 성을 일본식 한자음으로 바꾸기만 해서는 안 되었다. 성 자체를 일본식으로 바꿔야 했다.

동규가 창씨개명을 하지 않았다는 이유로 학교에서 쫓겨난 날, 조상의 뼈를 팔아먹을 수 없다고 꿋꿋하게 버티던 할아버지는 최(崔)씨의 한자 획을 아래위로 분리해서 일본식으로 다시 지었다. 그래서 동규의 이름은 요시야마 도오규가 되었다.

이미 한글 사용을 금지당하고 일본어를 국어로 사용해야 했던 상황이긴 하지만 창씨개명은 또 달랐다. 본래의 이름을 사용할 기회를 자꾸 잃어버리고, 집에서고 학교에서고 어디서나 일본 이름으로만 불리다 보면 본래 자신의 이름을 잊어버리는 건 순식간의 일이다. 이렇게 해서 본래의 자신의 이름을 잊어버리고 일본 이름만을 기억하게 되는 순간, 그 사람은 우리나라 사람으로서의 정체성을 잃어버리게 된다.

일본이 그토록 기를 쓰고 창씨개명을 하려 하는 것이나, 동규의 할아버지가 마지막 순간까지도 창씨개명을 하지 않으려고 했던 까닭이 모두 여기에 있는 것이다.

"너는 누구냐?"

동규의 이름이 요시야마 도오규로 바뀌던 날, 할아버지는 이렇게 물었다.

동규는 너무 뻔한 질문에 웃음이 터질까 입술을 옥물으며 '요시야마 도오규'라는 새로 바뀐 이름을 댔다. 그러자 할아버지는 서릿발 같이 노해서 회초리로 동규의 종아리를 사정없이 내리치며 묻고 또 물었다.

"너는 누구냐?"

할아버지의 매질은 동규의 입에서 '할아버지의 손자 최동규'라는 말이 나올 때까지 계속되었다. 그건 동규가 자신의 이름은 '요시야마 도오규'가 아니라 '최동규'라는 사실을 절대로 잊지 말라는 뜻이었다.

그럼, 동규가 자신의 이름을 절대 잊지 않을 수 있는 방법은 무엇일까? 그건 아마도 일제의 지배에서 벗어나는 길 외에 다른 방법은 없을 것이다. 결국 동규의 이름 되찾기는 나라를 되찾는 일로 연결될 수밖에 없다.

동규에게 1940년은 마지막 소년 시절이었다.

나름 부유한 집안의 손자였던 동규는 일본에 대해 불만을 터트리는 것 말고는 크게 문제될 게 없었다. 자신의 이름을 왜 잊지 말아야 하는지에 대해 생각해 볼 일도 없었고, 아버지는 일본 동경에서 미술 공부를 하고 있다고 철썩 같이 믿고 있었다.

하지만 아버지가 북간도에서 독립운동을 하고 있다는 사실을 알게 되고, 이 일로 집안이 풍비박산이 나면서 동규는 식민지의 현실과 본격적으로 맞부딪친다. 아버지가 계신 북간도로 목숨을 걸고 찾아가지만 그곳에서 만난 첫 번째 풍경은 완전히 짓밟히고 무너져, 살아 있는 사람이라곤 찾아보기 힘든 마을뿐이었다. 북간도 역시 일본의 손길에서 무사하지 못한 곳이었다.

아버지와 만난 것도 잠깐 동안이었다. 아버지는 다시 길을 떠나고, 동규는 소년 독립군 노릇을 시작한다. 이 모든 게 1940년 몇 달 사이에 일어난 일이었다.

소년 시절은 끝났다.

이제 누군가의 가르침이 아니라 스스로 자신의 이름을 되찾을 힘을 길러야 할 때가 된 것이다.

일제 강점기는 아직까지 끝나지 않은 우리의 현실이다.

하지만 우리는 그 시절을 역사책에서 무슨 무슨 사건이 있었다는 사실을 배우는 정도에 그치고 당시 사람들의 삶에는 관심을 덜 기울였던 것이 사실이다. 그러나 우리에게는 당시 사람들이 어떻게, 무슨 생각을 하며 살아왔는지를 이해하는 것이 훨씬 더 필요하다. 그래야 마음에서 우러나 진심으로 역사를 기억하게 되고, 우리의 현실이 과거의 역사와 하나로 이어질 수 있다.

이 책은 동규네 가족과 그 주변 인물들의 모습을 통해 당시의 모습을 생생하게 떠오르게 한다. 동규 이야기가 아니라도 보고 느낄 수 있는 것들은 많다. 그 가운데 어느 것이라도 하나만 마음에 새길 수 있다면 그것만으로도 이 책의 의미는 충분하다.

오진원 어린이 책을 공부하며 글을 쓰고 있다. 어린이 문학 사이트 오른발왼발(childweb.co.kr)을 운영하며 옛이야기 모임 '팥죽할머니'와 '논픽션 어린이책연구 모임'에서 활동하고 있다. 『오른발 왼발의 독서학교』와 『책빌리러 왔어요』, 『달려라, 꼬마 보말꾼』을 썼다.

돼지처럼 욕심부리다
돼지 될라?

길모퉁이 행운돼지

김종렬 글 | 김숙경 그림
다림 | 120쪽 | 2006

금반지 하나가 두 개가 되고, 금반지 두 개가 네 개가 된다면 행복할까? 만 원짜리 지폐 한 장이 지폐 두 장으로, 네 장으로 늘어난다면 행복할까? 한 번 다리면 영원히 주름이 지지 않는 다리미를 가지면 행복할까? 무엇이든지 두 배로 늘려 주는 항아리를 갖게 된다면 행복할까? 작가 김종렬이 『길모퉁이 행운돼지』에서 던지는 질문이다.

『길모퉁이 행운돼지』에서 김종렬 작가는 황금만능주의 시대를 살아가는 현대인들이 끝없는 욕심과 이기심으로 인간성을 상실해 가는 모습을 아이의 시선에서 우화적으로 그려 낸다. 돈과 명예, 그리고 행복이 무엇인지 우리 스스로 생각하도록 만든다.

하루에 열 명에게만 행운을 나누어 주는 행운돼지 가게가 마을에 새로 생겼다. 주인공의 엄마도 몇 날 며칠을 줄을 선 끝에 넣기만 하면 무엇이든 두 개가 만들어지는 항아리를 얻는다. 엄마와 아빠는 항아리에 물건과 돈을 넣어 두 개씩 만들어 내더니 점점 돼지로 변해 간다. 온 마을에는 엄마와 아빠처럼 욕심을 부려 변해 버린 돼지가 넘쳐난다.

행운을 나눠 준 행운돼지는 물건을 사용한 사람이 그 물건을 부수어야만 원래 모습인 사람으로 돌아올 수 있다고 말한다. 주인공은 엄마 아빠가 항아리를 깨뜨릴 기회를 만들지만, 엄마와 아빠는 교묘하게 피해 다니며 절대 항아리를 부수지 않는다. 그런 엄마와 아빠를 주인공은 안타깝게 바라본다.

작가 김종렬은 욕심 많은 인간들의 심리를 적나라하게 드러낸다. 행운의 물건을 얻기 위해 사람들은 싸우고, 돈으로 방 안이 가득 찼는데도 엄마와 아빠는 계속 항아리에 돈을 넣어 두 배로 만들어 낸다. 물건을 두 배로 만들어 낼수록 돼지로 변하지만 그 사실도 모른 채 돈을 계속 두 배로 불려 집 안에 쌓아 둔다.

엄마와 아빠가 사람으로 돌아오지 않은 채 결말에 가까워질수록 긴장감과 스릴이 있어 공포감마저 느껴진다. 마치 우리 마음속 깊은 곳에 있는 욕심을 들킨 것 같아 무섭게 느껴지기까지 한다.

사람으로 사는 것보다 돈이 중요한 것일까? 현대는 자본주의 사회이다. 돈이 있어야 먹을 것도 사고, 옷도 사고, 집도 살 수 있다. 그러나 사람들의 욕심은 끝이 없음을 돼지로 변한 사람들에게서 볼 수 있다. 우리 주위에도 자꾸만 욕심을 부려 돼지가 되어 가는 사람들이 많다.

사람들은 돈에만 욕심을 내는 것이 아니다. 행운돼지 가게에 들어온 사람들은 자신의 분야에서 최고가 되려는 욕심, 즉 명예에 대해서도 욕심을 부린다. 다잡아 경찰관은 범인이 보이는 안경을 선택하여 범인을 잡아 명예를 얻고, 미장원을 하는 머리해 아줌마는 클레오파트라가 쓰던 머리를 예쁘게 깎는 가위를 선택하여 미장원이 사람들로 붐비고, 꼬

치꼬치 기자는 전 세계의 특종을 잡아 기자로서의 이름을 날린다. 물론 명예를 얻으면 부도 함께 따라온다.

그러나 명예는 어떻게 얻어지는 것이던 가? 명예는 하루아침에 떨어지는 행운으로 얻어지는 게 아니다. 자기 분야에서 오랜 세월 노력하고 자신을 닦은 다음이라야 자연스럽게 세상에 널리 인정받아 얻어진다.

작가는 돈과 명예가 따르는 행운에 대해 욕심 부리는 것을 경계하는데, 그럼 작가가 생각하는 행운을 얻는 방법은 무엇일까?

작가는 노력도 하지 않고 행운이 오기를 기대하는 것을 경계한다. 자기가 바라는 신기한 물건을 상상하며 마음속에 있는 행운의 상자를 담으라고 말한다. 그러면 정말로 행운이 찾아올 것이며, 설사 행운이 오지 않는다 하여도 행운을 바란 만큼 땀을 흘린다면 행운보다 값진 것을 얻게 되리라고 작가는 확신한다.

이 이야기의 독특하면서도 재밌는 설정은 끝까지 엄마 아빠가 사람으로 돌아오지 않는다는 것이다. "원인을 없애면 원래의 모습으로 돌아갈 수 있다."라고 행운돼지가 말한 것처럼, 욕심을 버리기만 하면 원래의 모습으로 돌아갈 수 있는데 사람들은 자기 자신이 묶어 놓은 매듭을 풀지 못한다. 결자해지를 못하는 것이다. 온 방 안이 돈으로 가득 찼는데도 항아리를 깨지 않으려고 피해 다니는 엄마와 아빠를 보면 절제하면서 과하지 않은 것이 굉장히 어렵다는 것을 알 수 있다. 사람으로 돌아오지 않는 엄마와 아빠의 모습을 보면서 섬뜩하기도 하고 인간

욕심의 끝은 어디인가 다시 한 번 생각해 보게
된다.

일반적으로 동화에서는 권선징악이나 개과
천선하는 결말로 교훈을 내세우는데, 마치 엄마
와 아빠를 인간으로 되돌리는 미션을 어떻게 수행
할 것인가 상상해서 결말을 만들어 보라는 듯 결말
을 짓지 않고 생각할 거리를 주어, 무서우면서도
재미가 있다.

그래서 책을 읽은 뒤 아이들과 나눌 생
각할 거리와 이야깃거리가 많다. 엄마와
아빠를 구할 방법을 이야기해 본다거나,
노력하지 않고 얻는 행운과 행복에 대해 아이들이 진지하게 생각하게
만드는 점은 이 책의 장점이다.

『길모퉁이 행운돼지』는 초등학교 5학년 교과서에 실려 있어 초등
학생들에게 읽을 것을 권하지만, 자본주의와 황금만능주의가 판을 치
고 있는 지금 이 시대를 살아가고 있는 모든 어른들에게도 추천하고
싶다.

박세경 대학에서 독일문학을, 대학원에서 사진을 공부했다. 소나무출판사 출판감독으로 서울예술
대학, 경민대학에서 출판강의를 하고 있다. 쓴 책으로 『바른 생활 상식』과 『택리지』가 있으며, 번역
한 책으로는 『악어가 안경을 썼어요』, 『밤은 무섭지 않아』가 있다.

왜 나쁜 초콜릿인가?

나쁜 초콜릿

샐리 그린들리 글 | 문신기 그림
정미영 옮김 | 봄나무 | 224쪽 | 2012

발렌타인데이나 행복한 날에 사랑하는 사람과의 달콤함을 느끼려고 초콜릿을 먹는다. 그 달콤함 뒤에 있는 초콜릿의 씁쓸한 맛을 아는가?

우리가 즐기는 달콤한 초콜릿이 채 열 살도 안 된 아이들이 카카오 열매를 까느라 흘린 땀과 눈물로 만들어졌다는 것을 생각해 본 적이 있는가?

영국 작가 샐리 그린들리는 세계 곳곳의 어린이들이 겪고 있는 가슴 아픈 현실을 그리는 데 집중하는데, 『나쁜 초콜릿』에서는 아프리카에 있는 시에라리온과 라이베리아의 내전이 이웃 국가 기니에 사는 파스칼과 코조라는 두 아이의 운명을 어떻게 망가뜨리는지 생생하게 보여 준다.

파스칼은 기니에 살고 있다. 축구를 좋아하며 아빠를 자랑스러워하는 평범한 열 살짜리 소년이다.

파스칼의 아빠는 다이아몬드 광산에서 일하다가 이웃 국가에서 내전이 일어나자 가족을 보호하기 위해 집으로 돌아온다. 아빠는 파스칼과 행복한 시간을 보내면서도 불안해한다. 행복도 잠시 아빠는 반군들의 공격으로 숨을 거두고 파스칼은 사촌들과 무작정 도망치지만, 결국 반군들에게 잡혀 소년병이 된다.

파스칼은 아버지가 죽고 가족들이 어디 있는지도 모른 채 마약에 중독되어 가더니 급기야 살인까지 저지른다.

파스칼의 모습은 내전이 벌어지고 있는 아프리카 곳곳에서 흔히 볼 수 있는 소년들의 모습이다. 파스칼은 난민 수용소에서 정신을 차리고 가족을 찾아보려 하지만 찾지 못하고 나쁜 상인에 의해 코트디부아르에 있는 카카오 농장으로 끌려간다.

파스칼은 온종일 카카오 농장에서 악덕 중간 관리인에게 채찍질을 당하면서 고통스럽게 카카오 열매를 까지만 겨우 묽은 죽만 먹을 수 있으며, 밤에는 비좁은 잠자리에서 전쟁의 상처로 악몽을 꾸며 고통받는다. 파스칼은 새롭게 사귄 친구 코조와 우정을 꽃피우고 둘은 함께 농장 탈출을 계획하고 시도한다.

이야기는 과거와 현재를 교차로 그리면서 전개된다. 첫 장면은 카카오 농장의 잠자리에서 나누는 코조와 파스칼의 대화로 현재를 보여 주며, 다음 장면은 아버지가 돌아와 파스칼이 행복해했던 과거를 보여 준다.

내전이 일어나면서 농장으로 끌려오는 과거와 농장에서 탈출을 시도하는 현재가 번갈아 그려지고 있어 책을 읽는 내내 긴장감과 긴박감으로 손에 땀을 쥐게 한다. 그럼으로써 파스칼과 코조의 고통과 아픔을 함께하면서 그들이 꼭 탈출에 성공하기를 간절히 바라게 된다.

전쟁의 명분과 자유에 대해 생각해 보자.

사람들의 욕심은 끝이 없다. 가진 자는 더 가지려 하기에 계속해서

전쟁이 일어난다. 자본주의 시대의 최대 화두라 할 수 있는 돈 때문에 아프리카에서는 다이아몬드를 둘러싸고 내전이 일어나고 있다.

이 책에서 그려진 전쟁의 고통과 아픔, 그리고 인권에 대한 이야기는 전쟁을 일으킨 사람들이 내세우는 명분 때문에 사람들이 어떻게 고통받는지를 나타낸다.

파스칼이 '반군은 자기들이 하려는 일의 명분이 가족의 목숨보다 소중하단 걸까?'라고 의문을 품듯이 독자들은 그들의 명분과 폭력에 희생되는 수많은 아이들의 고통에 주목하게 된다.

또 생각해야 할 것은 자유 문제다. 아이들은 이 책에서 자유는 돈으로부터 얻어진다고 말한다.

"돈은 곧 자유를 말해. 문제는, 그 사람들이 우리에게 돈을 주는 게 아니라는 거지. 돈이 없으면, 자유도 없어."라고 말하는 농장 아이의 말에, "그러려면 네 콩알 근육부터 키워야 할 걸? 안 그랬다간 네 몫의 품삯도 또 떼어 먹힐 테니 말이야."라고 파스칼이 말한다. 자유를 주는 자본을 가지려면 자신을 지킬 힘부터 길러야 한다고 말하는 것이다. 자유를 누리기란 쉽지 않은 일이다.

초콜릿 때문에, 커피 때문에, 축구공 때문에, 목화 때문에, 돈 때문에 세계 곳곳에서 많은 아이들이 저임금에 혹사 당한다. 그래서 달콤한 초콜릿이 아니라 나쁜 초콜릿인 것이다. 최근에는 이를 개선하려는 노력으로 공정무역이 조금씩 일어나고 있다. 노동에 대한 정당한 대가를 치르자는 공정무역. 『나쁜 초콜릿』은 자유와 함께 공정무역에 대해서도 생각해 보게 만든다.

작가 샐리 그린들리는 파스칼과 코조가 자유롭게 살아갈 존재임에도 그렇지 못한 현실을 보여 준다. 파스칼과 그의 친구들은 여느 아이들과 마찬가지로 히바우두처럼 축구하기를 원하고, 코트디부아르 출신 축구 선수 드로그바를 우상으로 삼고 있다. 코조는 의사가 되고 싶은 꿈을 꾼다. 그러나 아이들은 내전과 노동으로 제대로 먹지도 못하고 축구도 못하고 학교에서 공부도 할 수 없으며 꿈을 키워 갈 수도 없다. 작가는 이렇듯 아이들의 인권이 유린당하는 아프리카의 상황을 생생하게 고발한다. 이 때문에 샐리 그린들리는 세계 최대 카카오 생산국인 코트디부아르의 아동 인권 실태를 생생하게 전한다는 호평을 얻고 있다.

마지막 장면에서 파스칼과 코조는 농장을 탈출하는 트럭 위 자루 속에서 희망에 대해 이야기한다. 코조는 아무리 힘들어도 희망을 한 번도 버린 적이 없다고 말하며 파스칼에게 어떤 희망이 있는지 묻는다. 파스칼은 자랑스러운 아들이고 싶고, 자기 자신에게 자랑스러운 사람이 되고 싶다는 희망을 말하며 이 이야기는 끝난다. 물론 둘의 탈출이 성공하였는지 실패하였는지는 나타나 있지 않다. 성공하였기를 바랄 뿐이다.

이 책은 인간의 끝없는 욕심이 전쟁을 불러오고, 아이들을 혹심한 노동 현장으로 내몰고 있음을 알게 한다. 더불어 세계 곳곳에서 노동으로 학대 당하는 아이들을 위해 힘을 모아 그들의 자유를 되찾아 주어야 할 의무감을 느낀다.

박세경 대학에서 독일문학을, 대학원에서 사진을 공부했다. 소나무출판사 출판감독으로 서울예술대학, 경민대학에서 출판강의를 하고 있다. 쓴 책으로 『바른 생활 상식』과 『택리지』가 있으며, 번역한 책으로는 『악어가 안경을 썼어요』, 『밤은 무섭지 않아』가 있다.

역사에서 홀대받는
대한제국을 되살리다

대한제국 가까이

서찬석 글, 사진 | 최달수, 우덕환 그림
어린른이 | 172쪽 | 2012

    역사는 기억이다. 후대 사람들이 기억하지 않으면 역사는 사라진다. 그 기억을 정확하게 하는 것이 기록이고, 그 기록을 계속 재해석해야 한다. 역사란 과거를 위해서 존재하는 게 아니라 오늘을 위해서 존재하며, 내일을 열어 가기 위해 어제를 기억하는 일이기 때문이다. 우리 역사에서 '사라진 그 무엇'이나 '놓친 그 어떤 것'이 많을 것이다. 그 가운데 하나가 '대한국'이다.

    우리는 흔히 이 시기를 조선말, 구한말, 또는 개화기라고 기억한다. 그러나 대한국은 엄연히 존재했던 나라고, 조선과 대한민국을 잇는 중요한 고리가 되는 나라다. 삼한을 잇는 나라임을 알리기 위해 한국이라고 했고, 삼한처럼 다시 크고 강한 나라가 되어야 한다는 꿈을 담기 위해 대한국이라고 했고, 황제의 나라이기 때문에 대한제국이라고 불렀다.

우리 근대사 흐름을 똑바로 보려면 대한국을 기억해야 한다. 대한국을 세워야 했던 까닭과 고종 황제가 대한국을 세워서 하고자 했던 일과 실제로 했던 일들, 그리고 어떻게 멸망했는지를 알아야 근대사를 제대로 이해할 수 있기 때문이다. 그래야 대한국이 멸망하고 불과 9년 뒤에 백성들이 일어나 만천하에 독립선언을 할 수 있었는지, 독립선언을 하고 새로운 나라를 세울 때 왜 대한제국이 아니라 대한민국으로 바꾸었는지를 이해할 수 있기 때문이다.

이 책은 우리 근대사에서 소홀하게 취급했던 대한제국을 책 제목으로 전면에 내세웠다는 것만으로도 충분히 새로운 가치를 창출했다고 할 수 있다. 그래서 더욱 '대한제국 13년, 그 파란만장한 역사를 찾아서……'라는 글 제목이 유난히 눈길을 끌었다.

대한국은 정말 파란만장한 역사다. 강대국 침략에 맞서기 위해, 부강한 나라가 되기 위해, 근대화를 이루기 위해, 고종 황제를 비롯한 많은 사람들이 그 짧은 시기를 얼마나 치열하게 살았는가를 한마디로 보여 주는 말이기 때문이다.

일어났던 사건을 쓰고, 그 사건 현장을 부모와 자녀가 같이 돌아보고, 그 과정에서 나눌 수 있는 이야기들을 주고받으면서 하나하나 살펴보는 점이 좋다. 글쓴이가 현장을 다니면서 직접 찍은 기록 사진도 내용을 충실하게 반영하고 있다. 최근 사료까지 꼼꼼하게 챙겨 보고 활용하고 있고, 역사 유적지들이 제대로 보전되거나 활용되지 못하고 있는 아쉬움을 사실 그대로 보여 주는 점이 좋다. "조금만 더 빨리 근대화를 이루었으면……."이라는 마지막 말에 그 모든 아쉬움이 묻어난다.

책 제목을 봤을 때는 대한국 13년을 다룬 책이라고 생각했는데, 실제 내용은 고종 이야기라고 할 수 있다. 책 제목대로 더 철저하게 대한국 중심으로 썼더라면 좋았을 것 같다는 생각이 들었다. 이양선이 나타난 시기가 아니라 대한국을 선포하는 그 숨 막히던 순간부터 시작해서 1910년 8월 28일 멸망하는 순간까지를 집중해서 쓰고, 그 시기에 그렇게 해야 했던 앞 사정과 뒤에 대한민국 임시정부를 세우는 데 끼친 영향까지 다루었어야 온전한 대한제국 역사가 되기 때문이다. 곧 대한제국을 되살리는 이 책도 실제 내용에서는 기존의 조선사 중심 서술에서 크게 벗어나지 못하고 있어 아쉬움을 느낀다.

'조선의 왕비 제거 계획을 준비했다.' 같은 글에서 '제거'라는 말보다는 '죽이려는'이나 '시해'로, '동학농민운동을 평정한 일본은'에서 '평정' 같은 말은 '억누른'이나 '동학농민운동군을 학살하고 주도권을 잡은 일본은' 같은 말로 바꾸는 게 좋겠다. '평정'이라는 말은 '난리를 평온하게 진정시키다. 반란을 무찔러서 평온하게 진정시키다'는 뜻이기 때문이다. 따라서 일본이 군대로 동학농민운동군을 이긴 게 좋다는 의미로 해석할 수 있다. 생각 없이 한나라가 고조선을 '정벌'했다거나 일본이 만주로 '진출'했다거나 일본군이 독립군을 '토벌'했다거나 하는 말을 쓴 역사책이 있는데, 모두 잘못 쓴 말이다. 역사책을 쓸 때는 이처럼 말 한마디도 그 뜻을 정확하게 살펴서 써야 한다.

아쉬운 부분들은 있지만 그래도 이 책을 읽고 독자들이 조선과 대한민국 사이에 대한국이 있었다는 사실을 기억할 수 있다면 좋겠다. 그 대한국이 황제의 나라를 표방했던 대한제국이고, 새로운 나라를 만들기 위해 얼마나 애썼는지 알고, 그런 노력 때문에 멸망 후 10년도 지나지 않아 백성들이 나서서 대한민국을 세울 수 있었다는 걸 이해할 수 있다면 좋겠다. 아니 최소한 조선의 마지막 왕은 순종이 아니라 고종이라는 걸 알고, 고종이 조선

의 마지막 왕이면서 대한국의 첫 황제라는 것. 그리고 순종은 대한제국의 마지막 황제라는 것만 확실하게 아는 것만도 우리 역사를 바로 세우는 데 좋은 일이 될 수 있겠다고 생각한다.

이주영 어린이문화운동과 다양한 책 여행을 만들어 즐기면서 『이오덕, 아이들을 살려야 한다』, 『책 사랑하는 아이, 부모가 만든다』, 『부모와 자녀가 함께 읽는 어린이책 200선』, 『삐삐야 미안해』, 『아이코, 살았네』 같은 책을 썼다.

누가 아이를
이렇게 만들었을까

메이드 인 차이나

샐리 그린들리 글 | 정해륜 그림 | 정미영 옮김
봄나무 | 244쪽 | 2013

메이드 인 차이나.

중국산 제품을 뜻하는 말이다. 그리고 현재 세상에서 가장 많이 쓰이는 말이기도 하다. 저렴한 가격에 전 세계에 공급되는 중국산 제품이 그만큼 많은 탓이다. 그 위력이 얼마나 대단한지 중국 제품을 하나도 사용하지 않고 살아가는 건 거의 불가능에 가깝다는 말이 나올 정도다.

문제는 '메이드 인 차이나'란 말이 그리 긍정적이지 않다는 사실이다. 사람들은 중국산 제품에 대해 의심의 눈길을 거두질 못한다. 저렴하긴 하지만 대신 질이 나쁘다는 인식 때문이다. "이건 중국산이 아니에요."라는 말이 제품의 신뢰를 보증하는 말처럼 쓰이는 웃지 못할 상황이 벌어지기도 한다. 한때 우리가 "이거 미제예요. 국산 아니에요."라는 말을 했듯이 말이다.

물론 모든 '메이드 인 차이나'가 나쁘기만 한 것은 아니다. 중국산이라도 최고의 제품들이 있다. 하지만 이런 최고의 제품들은 싸고 조잡한 물건의 대명사인 '메이드 인 차이나'에 묻혀 버리고 만다. 많은 사람들이 '메이드 인 차이나'를 선택하는 까닭은 제품의 질이 아닌 가격이기 때문이다. 그러니 '메이드 인 차이나'가 저렴한 대신 질 낮은 상품이라는 오명을 벗기란 아무래도 쉽지 않아 보인다.

이런 점에서 이 책의 제목은 의미심장하다. '메이드 인 차이나'에 숨은 중국의 어두운 단면을 찾아가는 이야기임이 분명하다.

게다가 이 책의 원제는 'SPILLED WATER' 즉, '엎질러진 물'이다. 엎질러진 물은 다시 담을 수 없다. 후회와 한탄만이 남을 뿐이다. 그런데 이 말이 중국에서는 여자아이를 일컬을 때 쓰이는 말이라고 한다. 중국에서 여자아이를 어떻게 생각하는지 단적으로 알게 해 준다.

우리나라도 그렇지만 중국은 유난히 남아선호사상이 강하다. 지금은 사라졌지만 중국에는 전족이라 해서 여자들의 발을 꽁꽁 묶어 두어 자라지 못하게 만드는 악습이 있었다. 또 바늘을 먹으면 여자가 남자로 바뀐다고 믿어 어려서부터 여자아이에게 바늘을 먹이는 일도 있었다고 한다.

1979년부터 시행된 '한 자녀 정책'은 남아선호사상에 더욱 불을 지피는 계기가 됐다. 집안을 일으켜 세우는 일은 남자들만의 일로 여겨졌기 때문이다. 그러다 보니 여자아이들은 집안에 전혀 도움이 안 되는 존재로 낙인이 찍히고, 엎질러진 물 취급을 당하게 된 것이다.

이 책의 주인공 루 시안이 태어난 곳이 바로 중국이다.

다행히도 루 시안의 부모님은 루 시안이 여자아이라고 해서 엎질러진 물 취급을 하지 않았다. 비록 큰아버지는 루 시안을 못마땅하게 여겼지만 아버지는 늘 루 시안과 즐겁게 놀아 주었고 학교에도 보내 주었다.

하지만 그 행복은 오래가지 않았다. 루 시안이 아홉 살 때, 아버지가 교통사고로 돌아가시면서 행복은 끝이 났다.

아홉 살짜리 여자아이 루 시안과 이제 겨우 세 살이 된 남자아이 그리고 병약한 어머니, 가진 것이라고는 작은 밭뙈기밖에는 없는 형편에서 이들이 세상을 헤쳐 나가기란 너무 힘에 겨웠다. 지붕은 무너져 내리고, 야채를 실어 나르던 수레도 망가지고, 가뭄으로 농사도 망치고 말았다. 엎친 데 덮친 격으로 엄마마저 쓰러지고 말았다.

나름 이들을 도와준다는 큰아버지의 판단은 간단했다. 집안을 일으켜 세울 남자아이를 위해서 여자아이를 팔아 버리는 것이었다.

이렇게 해서 루 시안은 열한 살이란 어린 나이에 시장에서 식모로 팔려 나간다. 그곳은 맛있는 음식과 편안한 잠자리가 있었지만 자유가 없는 곳이었다. 애초부터 루 시안은 나이가 차면 뇌에 손상을 입은 주인집 아들과 결혼을 해야 할 처지였기에 주인 집 부인은 루 시안에게 아무런 자유도 주지 않은 채 가둬 두기만 했다.

루 시안이 천신만고 끝에 이곳을 탈출해서 가게 된 곳은 장난감 공장이다. 친절한 척 다가왔던 사장 부부는 이런저런 이유로 임금을 착취하는 사람이었고, 공장의 환경은 최악이었다. 식사는 먹기 힘들 만큼 형편없었고, 침대 또한 그랬다. 에어컨은 없었고, 창문은 너무 작았다. 작업장 공기는 퀴퀴하고 매연으로 늘 뿌옇게 흐렸다. 눈이 따끔거리고 숨을 쉬기 힘들었다.

결국 시안은 피를 토하고 쓰러지고 만다.

중국의 어린 여자아이 이야기. 하지만 문득 우리의 6, 70년대 모습이 떠오른다.

가난했던 6, 70년대 많은 여자아이들은 식모살이를 하거나 열악한 환경의 공장에서 일하며 남자 형제의 학자금을 대는 경우가 많았다. 루 시안처럼 결국 피를 토하고 쫓겨나는 일도 흔했다.

남아선호사상의 피해자이자 경제개발논리의 희생양이 된 루 시안의 이야기는 중국의 이야기만이 아니었다. 가슴 아픈 우리의 과거이자, 지금도 세계 곳곳에서 끊임없이 일어나는 현실이다.

메이드 인 차이나.

엄밀히 말해 '메이드 인 차이나'는 중국 기업에서 생산한 것을 의미하지 않는다. 다른 어떤 나라의 기업이라도 중국에 공장을 두고 생산한 제품에는 어김없이 '메이드 인 차이나'가 붙는다.

그러니 루 시안의 이야기가 단순히 중국을 배경으로 했다고 해서 중국만의 이야기로 치부할 수는 없다. 이미 제2의 '메이드 인 차이나'를 꿈꾸는 후보들은 줄을 섰다. 또 이런 상황을 남의 나라 일인 양 안타깝게 바라보는 나라들이야말로 실은 '메이드 인 차이나'를 대량 생산해 내는 숨은 권력자다. 참으로 씁쓸한 현실이다.

오진원　어린이 책을 공부하며 글을 쓰고 있다. 어린이 문학 사이트 오른발왼발(childweb.co.kr)을 운영하며 옛 이야기 모임 '팥죽할머니'와 '논픽션 어린이책연구 모임'에서 활동하고 있다. 『오른발 왼발의 독서학교』와 『책빌리러 왔어요』, 『달려라, 꼬마 보말꾼』을 썼다.

정성 들여 차린
소박한 밥상 같은 책

벙어리 동찬이

어린이교육연구회 엮음 | 강전희 그림
현암사 | 272쪽 | 2012

시골길을 여행하다가 문득 들어간 오래된 옛집에서 나이 든 주인이 차려 준 소박하고 정갈한 밥상을 만난 것 같은 책이다. 이 책을 엮은 '어린이교육연구회'는 1980년도 후반에 결성한 초등교사들의 모임이다. 그들은 학교현장에서 동화를 활용한 수업을 하기 위해 주제가 있는 동화가 필요하였고, 이 책은 그렇게 엮게 된 선집이다.

'더불어 삶'을 주제로 엮은 이 선집에는 열세 명 작가가 쓴 동화를 만날 수 있다. 그중에는 권정생처럼 익숙한 작가도 있지만 조평규, 정주상, 한윤이처럼 낯선 작가들의 작품을 만날 수도 있다. 모두 8, 90년대 활발하게 활동하면서 당대의 어린이 문학을 빛낸 작가들이다.

이들은 작품 하나하나에 공을 들여 그 시대, 그 사회 아이들과 소통하면서 더불어 사는 것의 의미를 여러 각도에서 생각해 보게 한다.

　예전에는 '콩 한 조각도 나누어 먹으라.'는 옛 사람들의 가르침이 아니어도 마을의 크고 작은 일, 집안의 대소사 모두가 더불어 살지 않을 수 없는 구조였다. 하지만 산업화 사회가 되면서 그러한 미덕은 옛이야기 속에나 나오는 가치가 되어 버렸다. 하지만 사람은 더불어 살 수밖에 없고 이 책은 그런 미덕을 드러내지 않고 조용히 깨닫게 한다.

　이 책에 실린 작품들은 적어도 25년 이상 되었다. 오래 묵은 장맛처럼 은은한 이야기로 주제를 전달한다. 자극적인 표현도, 눈에 뜨이는 캐릭터도 없다. 그림이 많은 것도 아니다. 페이지도 270여 페이지가 넘어 지루하다는 말이 나오기 십상인 책이다. 한마디로 아이들이 좋아할 요소가 별로 없다. 그런데 이토록 오랫동안 시장에서 살아남게 하는 힘은 무엇일까?

　첫째, 등장하는 사람들이 모두 착하기 때문일 거다.

　어떤 사람도 욕심 부리지 않는다. 예를 들어 〈우리 아빠〉는 한때 큰 병원의 잘 나가는 의사였으나 간호사 실수로 사람을 죽게 한 뒤 시골에 가서 돈이 없어 치료를 받지 못하는 사람들을 위해 묵묵히 일하는 아빠 모습을 아이 시선으로 그린다. 〈중달이네 아저씨〉에서 중달이네 아저씨는 동네 사람들이 데려다 준 좀 모자란 아주머니에게 장가를 가고 늙은 홀어머니와 오두막에 살면서도 뭐든 제 것이 둘만 있어도 남에게 나눠 주고, 오갈 데 없는 아이를 거두어 가족을 이루고는 늘 웃음소리가 끊이지 않는다. 〈지붕 없는 가게〉는 아이들이 가난한 동무의 어머니가 학교 소풍날 파는 장난감을 형편대로 하나씩 사서 그것을 깨끗한 상태로 몰래 돌려주고는 다시 팔아서 생활에 보태 쓰라는 편지를 남긴다.

　이처럼 가진 것 없어도 제 욕심을 채우기보다 더 어려운 사람들을 위해 마음을 나누고, 가진 것을 나눈다. 그러면서도 그것을 드러내지 않는다.

둘째, 어린이 책의 중요한 몫은 부당한 현실에 대해 눈감지 않고 거기에 맞서는 정신을 키워 주는 것인데 이 책은 이런 역할에도 충실하다.

〈도둑의 아들〉에서 아버지의 도둑질을 지켜볼 수 없었던 민수, 그 때문에 학교에서도 동네에서도 늘 죄인처럼 살아야 했던 아이다. 누가 말하지 않아도 옳지 않은 삶을 살고 있는 아버지에 대해 스스로 부당함을 느끼고 있는 것이다. 아버지가 도둑질한 대가를 모두 치르고 나서야 비로소 하늘을 보며 웃는 민수는 세상을 살아가는 바른 태도를 스스로 알게 된 것이다.

〈약수산의 멧세부부〉를 보면 마치 우리 모습을 거울에 비춰 보는 듯하다. 여덟 쌍의 멧세들은 채석장이 생기면서 평화롭게 살던 약수산을 떠날 수밖에 없게 된다. 새 터전을 잡는 과정에서 이해관계가 엇갈리게 되고, 결국은 저마다 자기 계산에 급급하여 극한 이기심이 치솟으면서 미묘한 신경전에 갈등이 깊어지고 결국은 처참한 비극을 초래하게 된다. 멧세부부들을 통해 인간의 극한 이기심과 욕심이 가져오는 결과를 그려 보이는 것이다.

셋째, 보통 사람이면 누구나 공감할 만한 보편적인 가치를 담고 있는 것이라 하겠다.

사람은 누구나 인정받고, 사랑받고, 존중받고 싶어 한다.

〈가자미와 복장이〉는 가자미나 복장이가 겉으로는 상대방을 위하는 것처럼 말해도 속으로는 제 잇속 챙기기에 급급한 모습을 익살맞게 그리면서 은근히 나무라는 이야기다. 〈산토끼 찻집과 너구리〉는 언제나 제 욕심만 앞세우는 너구리에게 늘 빼앗기기만 하던 산토끼가 너구리가 어려움에 처하자 내치지 않고 따듯하게 맞아 주는 이야기로 상대방을 존중하고 배려하는 모습을 대놓고 말하지 않아도 우리 스스로를 돌아보게 한다.

이 책에는 의인동화도 있고, 아이들이 주인공인 이야기도 있다. 엄마나 아버지, 이웃 어른들이 더 크게 나오기도 한다. 그들은 공부도 많이 하지 않았다. 너나 없이 가난하다. 더러는 아무런 계산이 되지 않는 바보 같은 사람들이다. 보통 사람들이 보통으로 살아가는 그 모습에는 한결같이 이해하고 존중하고 배려하며 다른 사람을 먼저 생각하는 '더불어 삶'의 미덕을 잔잔하게 느끼게 한다. 가족도, 이웃도, 전혀 모르는 남남 간에도 서로 힘을 보태고, 그것이 위안이 되고 용기가 되어 살아가는 모습을 그린다.

열세 명의 작가들은 저마다 다른 이야기를 하고 있지만 '더불어 삶'이라는 가치로 모아지면서 하나의 가치, 색다른 느낌을 주는 소박하고 정갈한 밥상 같은 책이 되었다.

오래전에 발표한 작품들이어서 지금 아이들에게 생소한 '구멍가게', '소풍' 같은 단어들이 더러 나오지만 이야기를 이해하는 데는 별 문제가 없다.

조월례 1980년대부터 어린이 책을 읽으며 좋은 어린이 책을 널리 알리는 일을 해 오고 있다. 어린이 책과 관련하여 부모, 교사, 사서를 위한 교육을 하고 대학에서는 학생들을 가르친다.

역사를 보는 눈을 한결 넓혀 주다

역사 논쟁

최영민 글 | 오성봉 그림
풀빛 | 232쪽 | 2010

이 책은 역사책이면서 토론 수업용 교재라고 할 수 있다. 한국과 중국과 일본이 서로 자기 관점에서 주장하고 있는 역사 문제를 다루었다. 오랫동안 얽히고설킨 논쟁 가운데서 일곱 가지를 골라서 찬반토론식으로 재구성하였다. 역사를 소재로 하는 토론 수업 형식으로 이끌어 가는 과정을 통해서 주장을 뒷받침하기 위한 근거를 어떻게 제시하야 하는 가를 보여 주고 있으니, 역사책이라기보다는 역사를 소재로 삼은 토론 실습용 교재라고 할 수도 있겠다.

1장, 고구려사-한국사인가, 중국사인가?

2장, 고대 한반도에 일본 식민지가 있었다?

3장, 일제 강점기 36년, 조선을 근대화하다?

4장, 일본군 위안부, 일본은 책임이 없나?

5장, 야스쿠니 신사 참배, 한국은 왜 반대하나?

6장, 독도는 누구 땅인가?

7장 동해인가, 일본해인가?

이렇듯 일곱 가지 주제가 모두 한국과 중국, 한국과 일본 사이에서 서로 자기가 옳다고 주장하는 것들이다. 그동안 언론에 많이 오르내렸고, 인터넷에도 갖가지 자료들이 떠돌고 있는 것이라 어린이들이 토론 자료를 구하기 쉬운 것들이다.

또 대부분 우리나라 사람들이 너무나 확실하게 우리 주장이 옳다고 믿는 문제들이다. 그만큼 '그런데 중국이나 일본에서는 왜 저렇게 주장하지?' 하고 생각해 볼 필요가 있는 것들이기도 하다.

주인공 종수가 학교 가는 길이 5년째라고 쓴 걸 보면, 이 책에서 토론자로 나오는 어린이들이 초등학교 5학년이고, 5학년 어린이들을 대상으로 쓴 책이라고 할 수 있겠다. 논쟁 과정이나 수집한 자료나 분석이나 토론과정을 보면 적절하다고 할 수 있다. 찬반토론을 하면서 자기가 옳다고 믿는 것만 자꾸 되풀이하면서 답답해하거나, 중국이나 일본팀을 맡았다고 해서 마음 꺼려 하거나, 그러면서도 자기 맡은 역을 성실하게 하려는 모습이나, 일본팀을 맡아서 토론을 너무 잘했다고 놀리는 아이들이나……. 충분히 개연성이 있는 이야기들이다.

각 장마다 한국팀과 일본팀, 또는 중국팀을 선정해서 찬반토론을 했지만 결론을 내지는 않았다. 실제 수업 장면에서는 심판관, 방청객들이 투표를 해서 결론을 내지만, 이 책에서는 그렇게 하지 않은 점이 더 좋아 보인다. 글쓴이가 서문에서 밝힌 것처럼 어떤 주제에 대한 누구 주장이 맞았다거나 틀렸다거나를 확인해 주는 게 목적이 아니기 때문이다. 역사 논쟁에서 중국이나 일본 쪽이 그런 주장을 펴는 근거가 무엇인지, 우리가 주장하는 근거가 무엇인지를 충분히 알고 스스로 생각하고 판단해 보라는 취지로 만든 책이기 때문이다.

그런 취지에 견주어 볼 때 근거 자료를 수집하는 과정이나 자료 출처를 좀 더 정확하게 제시했으면 좋았을 뻔했다. 많은 자료를 나열하는 것보다는 한 가지 자료라도 정확하게 어디서 그 자료를 구했는지를 토론 과정에서 제시하는 것이 좋은데 출처를 대충 넘긴 자료들이 있어 아쉽다.

예를 들면 중국팀이 고구려가 중국 황제에게 조공을 바쳤다고 하는데, 그 근거 자료를 제시하지 않았다. 또 중국이라는 말이 걸린다. 고구려 때 중국이라는 나라가 있었나? 고구려와 교류하거나 겨루었던 나라들은 많다. 위나라, 수나라, 당나라, 제나라……. 언제 어떤 나라에 어떤 조공을 바쳤다고 어떤 자료에 기록되어 있는지 제시해야 좋다. 그 자료를 토론 참가자 어린이들이 어디서 어떻게 찾았는지 경로도 밝혀 놓아야 한다. 막연하게 중국이라고 하는 건 정확하지가 않다. 또 고려가 거란과 고구려 논쟁에서 이긴 사실, 야스쿠니 논쟁에서 중국을 비롯한 동남아 여러 나라가 우리와 같이 비판하고 있다는 사실처럼 그 주제와 관련되어 있는 중요한 사실을 빼놓은 부분들이 보이는 것도 조금 아쉽다.

토론을 할 때는 토론하기 전에 용어에 대한 정의를 확실하게 규정하고 들어가야 하는데, 용어에 대한 정의가 확실하지 않은 상태에서 토론을 하는 경우도 있다. 예를 들면 정

신대, 위안부, 성 노예 같은 말
은 토론 전에 확실하게 어
떤 뜻인가를 밝혀 놓고 시
작했다면 더 좋았겠다.
글쓴이나 편집자들이 좀
더 쉬운 우리말을 찾아
쓰기 위해 더 애썼으면 하
는 아쉬움도 있다.

　이러한 역사 논쟁들은 우리 아이들이 어른이 되었을 때도 계속될 게
확실하다. 따라서 이러한 역사 논쟁에 대해 관심을 갖게 하고, 그 논쟁
의 주장과 근거에 대해 폭넓은 시각을 갖게 해 줄 수 있는 책이라고 생
각한다. 무엇보다 보수와 진보로 양극화되어 가는 현실에서 나와 다른
주장을 하는 사람들을 무조건 미워하거나 싫어하는 태도가 아니라 그
주장과 근거에 대해 조목조목 살펴볼 수 있는 자세를 갖게 할 수 있는
길을 열어 줄 수 있을 것 같다.

이주영　어린이문화운동과 다양한 책 여행을 만들어 즐기면서 『이오덕, 아이들을 살려야 한다』,
『책 사랑하는 아이, 부모가 만든다』, 『부모와 자녀가 함께 읽는 어린이책 200선』, 『삐삐야 미안해』,
『아이코, 살았네』 같은 책을 썼다.

개에 대한 사랑을 통해
인간과 동물의 공존을 모색하는 책

인간의 오랜 친구 개

김황 글 | 김은주 그림
논장 | 160쪽 | 2013

제목만을 보면 인간과 개의 우정을 다루는 소설처럼 보이지만 개의 종류별로 사진이 실려 있고 개의 몸무게와 크기에 대한 소개가 있는 것을 보면 개에 대한 생물학 사전처럼 보인다. 그러나 책을 읽다 보면 이런 예측과는 전혀 다른 구도와 목적을 발견하게 되고 왜 이 책에 대해서 많은 독자들이 호평을 했는지 알게 된다.

본문 내용을 정확하게 이해하기 위한 팁은 맨 뒷부분에 언급된 '작가의 말'에서 잘 나타나기 때문에 본문을 먼저 읽기 전에 이 부분을 먼저 읽을 것을 권장한다. 여기서 작가는 이 책을 쓰게 된 동기와 개와 관련된 자신의 경험을 언급하고 있다. 자신이 기르던 개가 인간을 위해 동물실험 대상이 된 것을 경험한 사실과 그로 인해서 자신에게 글을 쓰는 재능이 있다는 것을 알게 되어 자신의 인생이 바뀌었다는 내용은 작가가 개에 대해 왜 관심을 가지고 사랑할 수밖에 없는지를 본질적으로 잘 보여 주고 있다. 따라서 본문에 나타난 개에 대한 생물학적 사실이나 특징 또한 단순한 과학적 정보전달에 그치는 게 아니라 개에 대한 사랑과 애정의 연장선상에서 책이 전개되고 있는 것이다.

먼저 1장은 '오래된 친구' 편이다. 1장에서는 오리엔트 문명, 멕시코 고대도시, 우리나라의 역사에 있어서 개가 어떻게 드러나고 있고 어떤 의미를 가졌는지 그리고 인간의 삶에 어떤 영향을 끼쳤는지를 역사적이고 문화적으로 분석하고 있다. 특히 고대 문명의 벽화들 속에서 개들이 어떻게 드러났는지를 분석함으로써 개들이 인간과 언제부터 어떻게 친해졌는지를 시각적 자료와 함께 다양한 스토리텔링 방법으로 제시하고 있다. 특히 이누이트족의 설화를 소개하거나 중간중간에 '어떤 개가 토종개로 인정받는가?'와 같이 우리가 개에 대해서 궁금했지만 명확하게 알지 못했던 점들을 설명함으로써 글을 읽는 긴 호흡이 없더라도 잘 읽을 수 있도록 배려하는 구성을 보인다.

2장과 3장에서는 개에 대한 생물학적 설명을 주로 하고 있다. 우리나라의 토종개인 진돗개, 경주개, 삽살개 등을 소개하고 동시에 세계의 대표적인 개들과 각각의 생물학적 특징을 사진자료와 함께 설명하고 있다. 또 개는 사냥견, 목양견, 목축견, 애완견으로 역할하면서 인간의 삶과 매우 밀접했다는 것을 단지 개에 대한 사실적 정보전달 이면에 내포하고 있다. 또한 유명한 외국 미술작품뿐만 아니라 우리나라의 예술작품 속에서 개들이 어떻게 묘사되고 있는지 분석 설명하면서 예술적 감상의 재미도 주고 있다.

4장은 '개야 고마워' 편이다. 예전에는 개가 도둑의 침입을 막아 주고 농경이나 목축생활에 도움을 주었겠지만 현대에는 그런 역할들을 기계나 문명의 기기를 통해 해결하기 때문에 개는 현대사회에서 단순하게 주로 애완견 정도로만 역할을 할 것이라는 편견을 깨 주고 있다. 개는 조난자를 찾거나 범죄수사에 도움을 준다. 마약을 찾는 마약탐지 활동은 개의 생물학적 기능을 통해 우리의 삶에 도움을 주는 것이고, 시각장애인을 위한 도우미견, 사람의 생명을 살리는 인명구조견, 치유도우미견의 역할은 개가 생물학적 기능의 유용성뿐만 아니라 인간적이고 정서적 측면에서 도움을 주고 있음을 보여 주는 논증적 구성을 취하고 있다.

5장은 '친구라면 이 정도는 알아야 해' 편이다. 저자가 맨 뒷부분 '저자의 말'에서 밝힌 집필 동기를 가장 직접적으로 잘 드러내고 있다. 정말 사랑하는 연인처럼 개를 대하는 작가의 태도와 의도를 잘 보여 주고 있는데, 특히 개의 소리와 태도를 통해 개와 소통할 수 있는 법은 매우 재미있으면서 개에 대한 저자의 사랑이 함축되어 있다. 개에게 주어서는 안 되는 것들을 소개하면서 개를 소중히 여길 수 있는 법을 알려 주고, 개의 일상을 삽화와 함께 보여 주는 장면은 지긋한 웃음과 함께 개에 대한 작가의 진한 애정을 잘 보여 주고 있다. 그런데 다른 장보다 5장은 내용상 감성적 측면과 실용적 측면이 모두 투영되는 재미있는 반전이 있다. 단지 개에 대한 사랑과 소통뿐 아니라 개와 관련된 직업을 소개하고 있는 것이다. 자신이 좋아하는 것을 직업으로 삼는다는 것은 매우 행복한 일이다. 자신이 사랑하는 개와 함께할 수 있는 직업을 택해서 행복한 삶을 살도록 제안하는 것은 매우 실용적인 접근이라고 할 수 있다. 또한 요즘 심각한 사회적 문제인 유기견 문제를 다루고 있다. 개 소

유주들이 개를 인간을 위한 수단으로 인식해서
는 안 되며, 존엄한 생명체와 공존대상으로 인식해
야 한다는 저자의 주장이 명확하게 제시되면서 문
제해결 가능성을 모색하고 있다.

　이 책은 어울릴 것 같지 않은 개에
대한 두 가지 관점을 자연스럽게 조화
시키고 있다. 개에 대한 생물학적 정보
전달과 역사적이고 문화적 의미
를 동시에 제공하고 있고,
개에 대한 감정적 사랑과 함께
개와 관련된 직업선택과 유기견 문제해결과 같은 실용적 접근을 시도
하면서 지루할 틈 없이 다양하게 구성되어 있기 때문이다. 개를 좋아하
는 사람들이 이 책을 많이 읽겠지만 개를 좋아하지 않았던 사람도 이
책을 읽으면 개를 좋아할 수 있을 것이다. 더불어 좀 다른 관점이지만
저자가 책 마지막에 내용참조나 출처는 물론 사진의 출처를 페이지까
지 꼼꼼하게 밝힌 점은 집필의 윤리적 기준을 충실하게 지키려고 세심
하게 노력하고 있다는 것으로 인상적이다.

김현경　연세대학교 철학박사이며 현재 경민대학교 독서문화콘텐츠학과 교수이다. 국립어린이청
소년 도서관과 국립중앙도서관에서 독서토론 강사 및 각종 공모전 심사위원으로 활동하고 있고,
독서토론을 철학과 접목시키는 연구를 하고 있다.

초등학생들을 위한
실물경제 교육 지침서

장바구니는 왜 엄마를 울렸을까?

석혜원 글 | 김진이 그림
풀빛 | 192쪽 | 2013

　현대사회 여러 가지 영역 가운데 경제만큼 우리 삶에 큰 영향을 끼치는 영역을 찾기는 쉽지 않다. 경제교육은 현대사회를 살아가는 데 필수적인 것으로 인식되고 있으며 초등학생들도 예외가 아닌 것처럼 보인다. 어린이에게 경제교육의 중요성이 강조되는 상황에서 이해할 수 없는 수식과 그래프로 가득 채워진 경제이론을 추상적으로 설명하는 책이 아니라 일상적으로 자연스럽게 경험하는 생활경제를 다루고 있는 점은 이 책의 큰 장점이다.

　우선, 내용적 측면에서 볼 때, 이 책은 총 11개의 주제로 구성되어 있는데 경제활동 장소를 중심으로 재래시장과 백화점, 대형마트와 편의점, 놀이공원, 벼룩시장, 과수원, 영화관과 패스트푸드점, 세무서 등과 같은 각 영역에서 실물경제가 어떻게 움직이고 이것이 우리 생활에 어떤 영향을 끼치는지를 친절하게 설명해 주고 있다. 우리가 일상적으로 경험하는 경제활동에 대해서 숨겨진 의미와 이유를 질문 형식의 항목으로 이해하기 쉽게 설명하고 있다. 예를 들어 '마트의 카트는 왜 크고 무거운가?', '백화점에는 왜 창문이 없을까?', '패스트푸드점 의자는 왜 딱딱할까?', '놀이공원에는 왜 자꾸 가고 싶을까?'와 같은 항목에 대한 설명은 초등학생들뿐만 아니라 어른들에게도 깨알 같은 재미와 깨달음을 준다. 우리의 일상적인 삶이 모두 다양한 형태의 경제활동이라는 것과 함께 그 안에 경제학적 의미와 이유가 있다는 점은 책 내용에 대해 점점 흥미를 증폭시킨다.

스토리텔링 측면에서 볼 때, 상호적인 이야기 형식으로 진행되고 있어서 지루하지 않게 독자의 참여도를 높이고 있다. 경제관련 책을 어렵다고 생각하는 이유는 내용 자체가 어려울 수도 있지만 건조하며 일방적인 서술형으로 진행되기 때문이다. 결국 친절하지 않은 스토리텔링 방식이 책 내용에 대한 이해도를 떨어뜨릴 수 있다는 것이다. 그러나 이 책은 각 주제별로 큰 범주를 나누고 단순한 서술형보다는 각각의 주제별로 질문함으로써 독자들의 호기심을 자극하고 같은 또래들끼리의 대화형식을 취하고 있어서 초등학생들에게 적합한 스토리텔링적 수준을 유지하고 있다.

구성적 측면에서 볼 때, 초등학생들에게 적합한 다양한 캐릭터와 디자인과 삽화를 첨가하고 있다. 초등학생들이 읽을 책을 선정하려고 할 때 삽화 없이 글자 수가 너무 많으면 미리 겁을 먹고 읽으려고 하지 않을 수 있다. 이런 경향성은 초등학생뿐 아니라 어른들에게도 마찬가지이다. 반면 글자 수가 너무 적고 삽화나 그림이 압도적으로 많다면 구체적이고 명료하게 의미를 전달하지 못할 수 있다. 이런 점을 고려할 때 이 책은 적절한 글자 수와 삽화를 잘 조화시키고 있어 구성적 안정감을 가지고 있다. 특히 초등학생들이 지루해하지 않을 정도로 첨가된 삽화가 너무 화려하거나 압도적이지 않아서 글 내용에 대한 집중력을 약화시키지 않고 본질에 충실한 구성을 하고 있다.

학업과의 연결성 측면에서 볼 때, 책의 저자가 책의 내용과 교과의 구체적 내용과 연결시키려는 시도를 하고 있다. 저자는 책표지 뒷면에 책에서 다루고 있는 내용이 초등학교 3학년부터 6학년 사회 교과서 단원과 어떤 관련성이 있는지 밝히고 있다. 이런 시도는 독서와 교과 공부가 서로 다른 것이 아니고 독서를 통해 교과 공부를 더 심화적이고 재미있게 할 수 있다는 점을 함축적으로 제안하는 것이다. 물론 모든 책들이 교과서의 내용과 연결될 필요도 없고 연결될 수도 없겠지만, 가능한 경우에는 이런 시도들은 지속적으로 확장되어야 할 것이다. 다만 이 책에서는 너무 포괄적으로 관련 단원만 제시했을 뿐 각 장과 교과서 단원을 구체화시키지 못한 점은 다소 아쉽다.

마지막으로 독자범위의 포괄성의 측면에서, 초등학생은 물론 중학생 또는 경제학적 내용에 익숙하지 않은 어른들도 이 책의 독자가 될 수 있다. 아무리 쉽게 풀어서 설명한다고 해도 필수적인 경제개념을 포함할 수밖에 없기 때문에 경제개념에 대한 상당한 이해와 배경지식이 있어야 이해할 수 있다. 이런 한계점은 책의 서술방식이나 책 자체의 문제라기보다는 경제라는 주제 자체의 특징 때문이다. 이런 점을 고려하면 초등학생의 경우

는 부모님과 함께 읽는 것이 더 좋다. 또한 경제에 관심이 많지만 구체적인 지식을 가지고 있지 않은 어른도 친절한 내용과 스토리텔링 방식, 적절한 시각적 자료를 통해 재미있게 읽을 수 있다. 이 책은 독자의 배경지식과 이해도에 따라 독서의 심화 정도가 다를 수 있는 다층적인 특징을 가지고 있는데, 이런 특징은 포괄적인 독자를 대상으로 할 수 있게 한다.

어떤 독자는 '장바구니는 왜 엄마를 울렸을까?'라는 제목이 책 전반의 내용을 포괄하지 못하고 구심적 의도가 명료하지 않고 사실을 전달하는 것에만 치중되었다고 불만을 가질 수 있다. 더구나 책 제목의 주체는 '엄마'이기 때문에 독자와 제목의 주체가 일치할 가능성이 높지 않다는 것이다. 물론 이런 지적에 전혀 근거가 없는 것은 아니다. 그러나 저자는 책 서두에서 우리의 모든 활동은 경제적 활동이고 항상 선택을 하게 되는데 경제교육을 통해 합리적 선택능력을 키우게 된다고 밝히고 있다. 이런 집필 의도는 경제교육의 본질적인 목적에 부합되고 이 책의 구심적인 메시지라고 평가할 수 있고, 앞선 불만들을 어느 정도 잠재울 수 있다. 경제교육의 목적은 경제학의 내용을 외우거나 이해하는 것에 그치는 것이 아니라 우리의 구체적인 경제 상황에서 합리적 선택과 효율적 판단능력을 키우는 것이기 때문이다. 그리고 이 책을 구성하고 있는 다양한 경제활동의 사실과 의미를 이해해 간다면 본질적인 경제교육의 목적을 이룰 수 있을 것이다.

김현경 연세대학교 철학박사이며 현재 경민대학교 독서문화콘텐츠학과 교수이다. 국립어린이청소년 도서관과 국립중앙도서관에서 독서토론 강사 및 각종 공모전 심사위원으로 활동하고 있고, 독서토론을 철학과 접목시키는 연구를 하고 있다.

투명하게 기록된
왕실 행사의 순간순간들

조선왕실의 보물, 의궤

유지현 글 | 이장미 그림
토토북 | 110쪽 | 2009

조선시대에는 왕실에서 큰 행사를 하고 나면, 꼭 기록과 그림을 남겨 놓았다고 한다. 이러한 책들을 '의궤(儀軌)'라고 한다. 이 의궤들을 통해서 결혼식, 궁중 잔치, 왕의 행차 등 조선시대 왕실에서 거행했던 행사 모습들을 살펴볼 수 있는 것이다.

의궤는 조선왕조가 가진 독특한 전통이다. 영조와 정조 시대에 특히 왕실 행사가 많았고 그만큼 의궤 역시 많이 작성되었다고 한다.

이 책의 부제는 '정조 임금님 시대의 왕실 엿보기'이다. 책의 구성은 왕의 탄생, 왕의 활쏘기, 왕의 결혼, 왕의 제사, 왕의 건축, 왕의 행차, 왕의 죽음 순이며, 의궤가 기록한 다양한 내용을 담고 있다.

책은 토토와 금붕어라는 캐릭터를 등장시켜 재미있는 대화를 통해 왕실 행사에 가까이 갈 수 있도록 구성했다. 금붕어는 똑똑박사로 등장하여 토토에게 의궤에 대한 자세한 이야기를 들려주는 역할을 맡고 있다. 그리고 의궤에 있는 그림 자료를 적극 활용한 점도 돋보인다. 의궤에 실려 있는 그림을 그대로 책에 실을 수 있었다는 점이 이 책의 가장 큰 장점이기도 하다.

행사 주요 장면을 그린 그림인 반차도는 역사 현장을 사진을 대신하여 눈으로 기록한 것이다. 눈으로 보고 그 규모를 짐작할 수 있으므로 왕실 행사를 이해하는 데 설명보다 더 도움이 된다. 행사에 참여한 사람은 몇 명인지, 임금님은 무슨 옷을 입었는지, 어떤 가마를 탔는지를 알 수 있는 것이다.

반차도는 나라에 소속된 직업 화가인 화원이 그렸으며, 대표적인 화원으로는 김홍도가 있다. 화원의 계급은 낮았지만 그가 하는 일은 절대 천하지 않았다. 말로는 충분히 설명이 되지 않는 것을 눈으로 보여 주는 반차도를 통해 우리 의궤는 더욱 빛나고 있는 것이다.

가장 흥미로운 부분은 〈왕의 탄생〉 이야기이다. 정조 임금님을 가리키는 '정종 대왕'의 태실(태를 보관하는 곳)을 멋지게 꾸미는 일을 기록한 의궤 이야기 중, 태실을 지키는 군사들이나 태실 주변 나무를 함부로 베거나 그 옆에서 농사도 지을 수 없다는 사실 등은 새롭게 알게 된 대목이었다. 또 〈왕의 결혼〉은 세 번의 간택 과정을 통한 왕비 구하기와 왕비 수업, 왕실 결혼식 절차를 자세하게 기록하고 있어 흥미롭다.

책에는 영조가 정순왕후를 창경궁으로 데려오는 행렬을 그린 그림을 볼 수 있는데 그 규모와 화려함이 굉장하다. 반차도에는 주인공인 왕과 왕비의 가마 외에도 이들을 호위하는 군대, 행사에 참여한 고위 관료, 궁중의 상궁, 내시, 악대 등 다양한 인물들이 행진하고 있다.

영조와 정순왕후의 결혼식을 기록한 『영조정순왕후가례도감의궤』는 가례도감의궤 가운데 처음으로 2책으로 만들어졌다. 결혼 행렬을 그린 반차도만 50쪽이 된다고 한다. 놀라운 사실은 영조가 정순왕후를 데려 온 날은 1759년 6월 22일인데 반차도는 6월 14일에 완성이 되었다고 한다. 예행연습을 위해 미리 그림을 그린 것이다. 영조와 신하들은 완 성된 반차도를 보며 행사를 연습했다고 한다. 무대 공연으로 이야기하 면 리허설을 충분히 진행한 후 공연을 시작한 셈이 되는 것이다. 의궤 의 존재 이유를 더욱 명확하게 알 수 있는 부분이었다.

의궤는 조상들의 투철한 기록 정신을 보여 주는 자료이면서, 그 시대 를 살았던 사람들에게도 필요한 기록이었다. 또한 현대인들에게도 역 사의 현장과 우리 궁중 문화를 지켜보는 듯한 생생한 현장감을 선물하 며 우리 문화에 대한 자긍심을 갖게 한다.

화성 건축 기록이 담긴 〈왕의 건축〉도 흥미로웠다. 공사 보고서라 할 수 있는 『화성성역의궤』는 참여한 인원, 사용된 물품, 설계 등에 관한 기록을 그림과 함께 볼 수 있다. 이렇게 자세한 공사 보고서를 남긴 나 라는 우리나라밖에 없다고 하니 그 꼼꼼함과 치밀함, 그리고 애초에 이 것을 기록하려는 발상부터 대단하다고 이야기할 수밖에 없다.

중요한 행사를 앞두고 그 행사를 담당할 도감을 만든다는 이야기도 담겨 있다. 의궤의 이름 중 '~도감의궤'라고 하는 것은 그 도감에서 만

들었다는 뜻이다.

도감의 책임자를 3정승 중에서 뽑고 부책임자를 판서 중에서 뽑았다는 것만 봐도 도감 역할을 얼마나 중요시 했는지 알 수 있다.

이 책이 나왔을 때 프랑스에서 반환되지 않았던 의궤 297책이 모두 반환되었다는 것은 기쁜 일이 아닐 수 없다. 의궤가 2007년 유네스코 세계기록유산으로 지정되면서 다시 한 번 의궤 반환을 비롯한 외규장각 도서 반환이 화제가 되었고, 여러 노력을 거쳐 2013년 4월 한국으로 돌아온 것이다.

'역사에 대한 비슷비슷한 책이 너무 많지 않은가.'라는 생각을 했었다. 이 책은 역사에 대한 분명한 의식을 심어 주지도 못 하고 있는 어른들이 아이들에게 역사를 어떻게 가르쳐야 할지 고민이 되는 시기에 분명한 방향을 제시한다. 역사를 보여 주는 기록물로서 의미가 큰 것이다.

의궤는 왕이라 하여도 함부로 간섭할 수 없는 당당한 독립성을 가지고 있다. 화성 공사를 보면 더욱 그렇다. 나라의 큰 행사를 투명하고 정당하게 처리하려는 노력이 엿보이는 것이다.

이 책을 통해 아이들은 느낄 것이다. 지금 우리가 살고 있는 하루하루가 역사가 되고, 기록이 된다는 것을. 또한 왕실, 지금에 와서는 정부의 역할이 얼마나 중요한 것인가를 다시 인식할 수 있을 것이다. 그리고 우리가 살고 있는 이 시대 저편에 훌륭한 문화가 있었고 그것이 지금 우리에게도 흐르고 있다는 것을 보여 주는 책이며 그 시대를 이해할 수 있는 안목을 전해 주는 선물인 셈이다.

이규수 오랫동안 출판사에서 책 만드는 일을 하고 있다. 어린이 책을 비롯한 다양한 책을 편집하고 있다. 종이책이 오랫동안 사람들에게 사랑받기를 바라고 있다.

치열하고 성실한 글이 주는 즐거움

조선의 마지막 군마

김일광 글 | 내인생의책 | 206쪽 | 2011

이야기의 시작이 우울하다. 차고 거센 바람이 열흘도 넘게 불었다. 말 중에서도 조선 왕실군마를 키우는 장기목장에 '폐목령'을 전달하러 관리가 나타났다. 목장 문을 닫으라는 것이다. 그 이유가 더욱 암울하다. 이른바 보호조약으로 나라가 통째로 일본에 넘어가 버리니, 군마도 필요 없게 된다는 거다. 남아 있는 말들은 전부 조사해서 일본군에 넘긴다고 한다. 한때는 수천 마리의 군마로 가득 찼던 장기목장이 역사에서 사라져 가는 과정은 그렇게 바닷바람처럼 차고 거세다.

그 바람 속에 노련한 목부 원서방과 그의 아들 재복이가 새 생명의 탄생을 기다리고 있다. 원서방이 자식처럼 키운 명마 '학달비'의 출산이다. 출산을 핑계로 학달비는 마필 조사에서 빠졌다. 오랜 진통 끝에 새끼가 태어났다. 재복이는 그 망아지에게 '태양'이라는 이름을 붙여 준다.

이야기는 재복이와 태양이의 성장기와 장기목장을 포함한 영일만, 포항, 구룡포 일대에 대한 일제 침략 과정, 이렇게 두 축을 중심으로 진행된다. 이 둘을 견주어 보니, 작가가 왜 이야기의 시작에 열흘도 넘게 바람을 불게 했는지 짐작할 수 있다. 그 바람은 재복이와 태양이가 감당해 내야 할 세상이다.

이야기의 한 축인 장기목장을 포함한 영일만, 포항, 구룡포 일대에 대한 일제 침략 과정은 작가의 성실함을 바탕으로 매우 견고하게 전달된다. 조선에 군마를 훈련시키는 장기목장이 있었고, 그곳에서 훈련받던 많은 말들이 일본군에게 넘어갔다는 사실을 이 책을 통해 많은 사람들이 알게 되었을 것이다.

작가는 포항 토박이다. 그는 이미 발표한 『귀신 고래』나 『강치야, 독도 강치야』 같은 책에서, 향토사를 바탕으로 한 이야기들을 풀어 놓고 있다. 이 책 『조선의 마지막 군마』도 그런 맥락에 기반을 두었다.

군마를 키우던 장기목장은 일제 침략 이후 황폐해져, 말의 도망을 막기 위해 쌓아 놓은 산성의 흔적만 남겨 놓고, 시간 속으로 사라져 버렸다. 작가는 이렇게 사라진 기록을 찾기 위해, 당시 생존자들을 만나 그들의 기억을 더듬어 나갔다. 고금산에 말뚝이 박히며 피가 흘렀다는 이야기, 일본 배의 침몰과 등대 건설에 관한 이야기들이 그들의 기억에 의해 사실에 좀 더 가까이 갈 수 있었다. 이런 작가의 성실한 노력은 지금 동화를 쓰는 많은 사람들이 본받아야 할 점이다. 자기가 있는 땅에 대한 애정, 사실에 기반을 둔 조사의 철저함, 그것을 남들에게 알리고 싶은 열정이 이 작가의 강점이다.

재복이와 태양이의 성장은 이야기의 또 다른 한 축이다. 그 둘은 묘하게 닮았다. 엄마 없이 살던 재복이는 아버지가 일본군 목부로 차출

되어 가게 되면서 혼자가 되었다. 재복이 옆에는 학달비와 태양이가 남았다. 바람이 몹시 불던 날, 일본 배가 좌초되고 그 배에 탄 사람들을 구하려다 학달비가 사고로 죽고 만다. 그렇게 태양이도 혼자가 되었다. 재복이와 태양이가 세상에서 의지할 것은 단 둘뿐이다. 태양이는 사람들의 필요에 따라 이리저리 옮겨 다니며 일을 하고, 재복이는 그런 태양이 옆을 지키려 애쓴다.

태양이는 시간이 지나면서 비굴해지고, 초라해지고, 상처 나고, 부러진다. 하지만 재복이와 함께 있을 때 태양이는 당당하고 멋진 장기마의 모습을 보여 준다. '…… 태양이는 자신의 앞다리를 부여잡고 엎어진 재복이를 밟지 않으려고 온몸을 부들부들 떨면서 참고 버텼다.…… (중략)…… "저기 저놈 봐. 혼자 바위처럼 버티고 있는 거봐." "아, 그놈 참! 보통 말이 아니야. 정말 대단한 놈이야."……'(97쪽)

재복이는 늘 이 땅을 떠나고 싶어 하지만, 태양이가 그곳에 있기 때문에 다시 돌아온다. 재복이를 꾸짖던 진광 스님의 추상같은 말은 작가가 우리에게 던지는 메시지다. '……"이놈아! 나라를 빼앗겼다고 기다렸다는 듯이 땅까지 비워 주면 되겠느냐, 나는 억울하게 죽은 저놈들과 함께 이 땅에서 버틸 거다."……'(103쪽)

재복이는 자신의 땅에서 조금씩 멀리 떠났다가 돌아오면서 점점 성장한다. 그렇게 10년 세월이 흘렀다. 재복이는 의병이 되어 구룡포에서 일본군에게 보내는 군량미 창고에 불을 지르고 태양이를 타고 떠난다. 둘은 무엇이든 할 수 있을 것 같다. 어른이 되었다.

　재복이와 태양이의 성장기는 앞에서 살펴본 일제 침략 과정의 축에 비하면 좀 약하다. 재복이의 태양이를 지켜려는 간절한 마음은 보이나, 세상에 대해 맞서서 변화해 가는 과정이 자세히 나타나지 않는다. 태양이 경우는 장기마의 후예라는 것이 행동보다는 주변 사람의 말로만 표현된다. 특히 일본 등대장의 아이들에게서 각설탕을 받아먹으며 그 집에 쉽게 적응해 버리는 것은 이해가 안 간다. 그리고 이야기 속에서 시간이 일 년, 오 년 이렇게 훌쩍 흘러갔는데도, 말투나 행동에서 그 시간을 느낄 수 없는 것도 아쉬웠다. 이렇게 두 주인공이 선명하게 드러나지 못하다 보니, 이야기의 두 축이 양립하지 못하고 장기목장의 일제 침략 과정이 더 선명하게 기억에 남게 된다. 이 책의 표지를 보아도 '잃어버린 우리 것을 찾는 데' 더 힘을 주었다는 생각이 든다.

　이 책이 역사서가 아니라 동화라면 장기목장보다는 재복이와 태양이의 모습이 독자의 머릿속에 남아야 한다. 역사적 사실의 전달을 위해 재복이와 태양이를 사용하기보다는, 그 역사 속에 살았던 사람들의 고단함을 이야기하는 데 장기목장이 배경이 되었으면 한다.

　주인공에 대한 아쉬움에도 불구하고 2000년 이후의 동화에서 이 책은 가장 가치 있는 책 중 하나다. 작가는 최근 어느 작가보다도 치열하고 성실하다. 치열하고 성실한 글이 주는 즐거움이 이 책의 가치다. 자기가 밟고 있는 땅과 자기가 만나고 있는 사람에 대한 애정에서 좋은 동화가 나온다.

김혜원　어린 시절에 동화를 읽고 서른 중반에 다시 동화를 만나 지금도 열심히 읽는다. 읽다 보니 할 말이 생기고 할 말이 있으니 쓰고 있다. 몇 해 전부터 그 해 출판된 우리 동화를 모두 찾아 읽고 있다. 앞으로도 쭉 그렇게 살 것 같다.